U0862957

中華再造善本工程編纂出版委員會◎編

中華再造善本總目

國家圖書館出版社

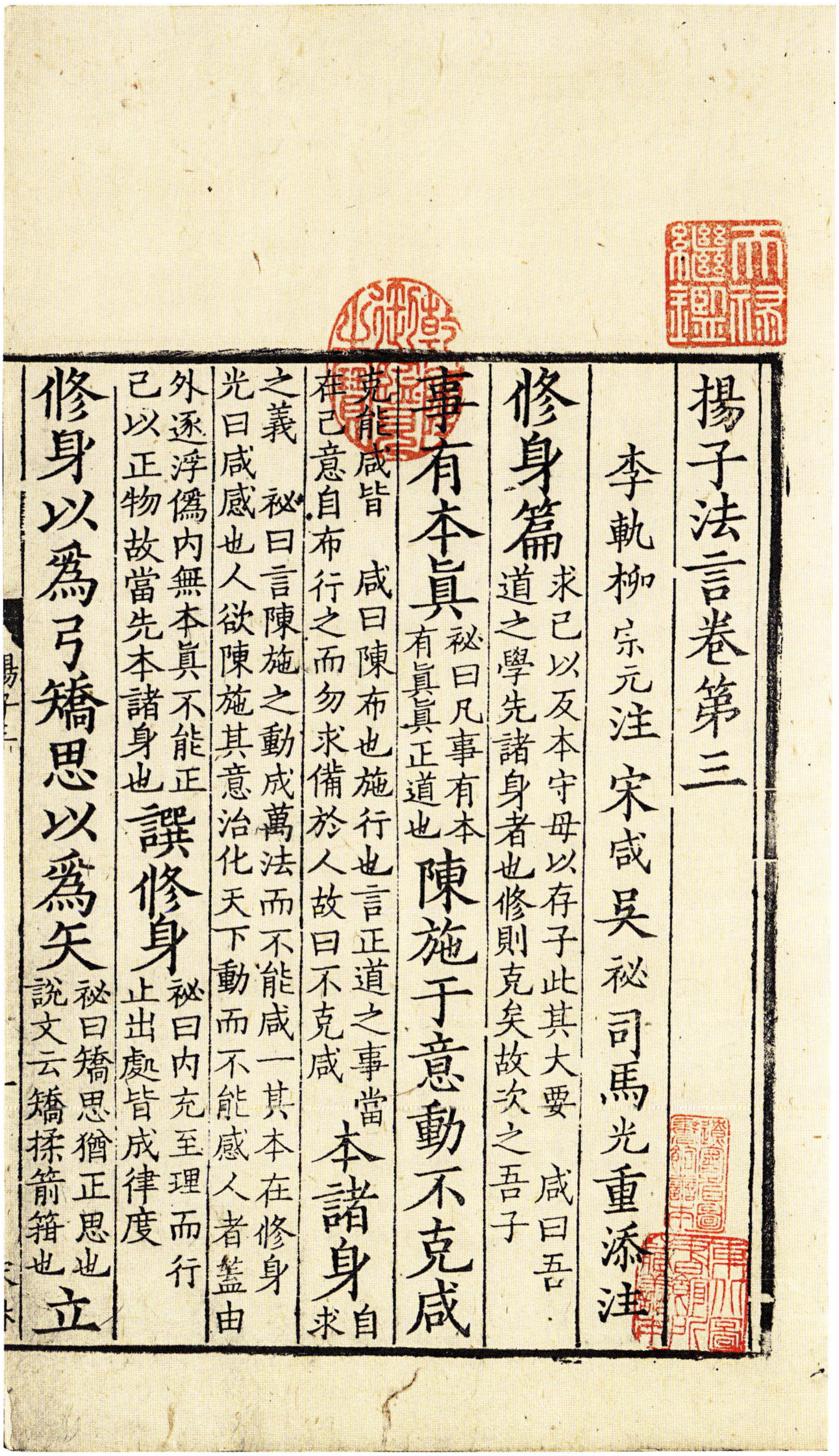

揚子法言卷第三

李軌柳宗元注　宋咸吴祕司馬光重添注

修身篇 求己以反本守母以存子此其大要　咸曰吾道之學先諸身者也修則克矣故次之吾子

事有本眞 祕曰凡事有本有眞眞正道也 陳施于意動不克咸 克能咸皆　咸曰陳布也施行也言正道之事當在己意自布行之而勿求備於人故曰不克咸 本諸身 自求之義　祕曰言陳施之動成萬法而不能咸一其本在修身光曰咸感也人欲陳施其意治化天下動而不能感人者蓋由外逐浮僞內無本眞不能正己以正物故當先本諸身也 譔修身 祕曰內充至理而行止出處皆成律度

修身以爲弓矯思以爲矢 祕曰矯思猶正思也說文云矯揉箭箝也 立

揚子法言十三卷音義一卷　宋淳熙八年唐仲友台州公使庫刻本

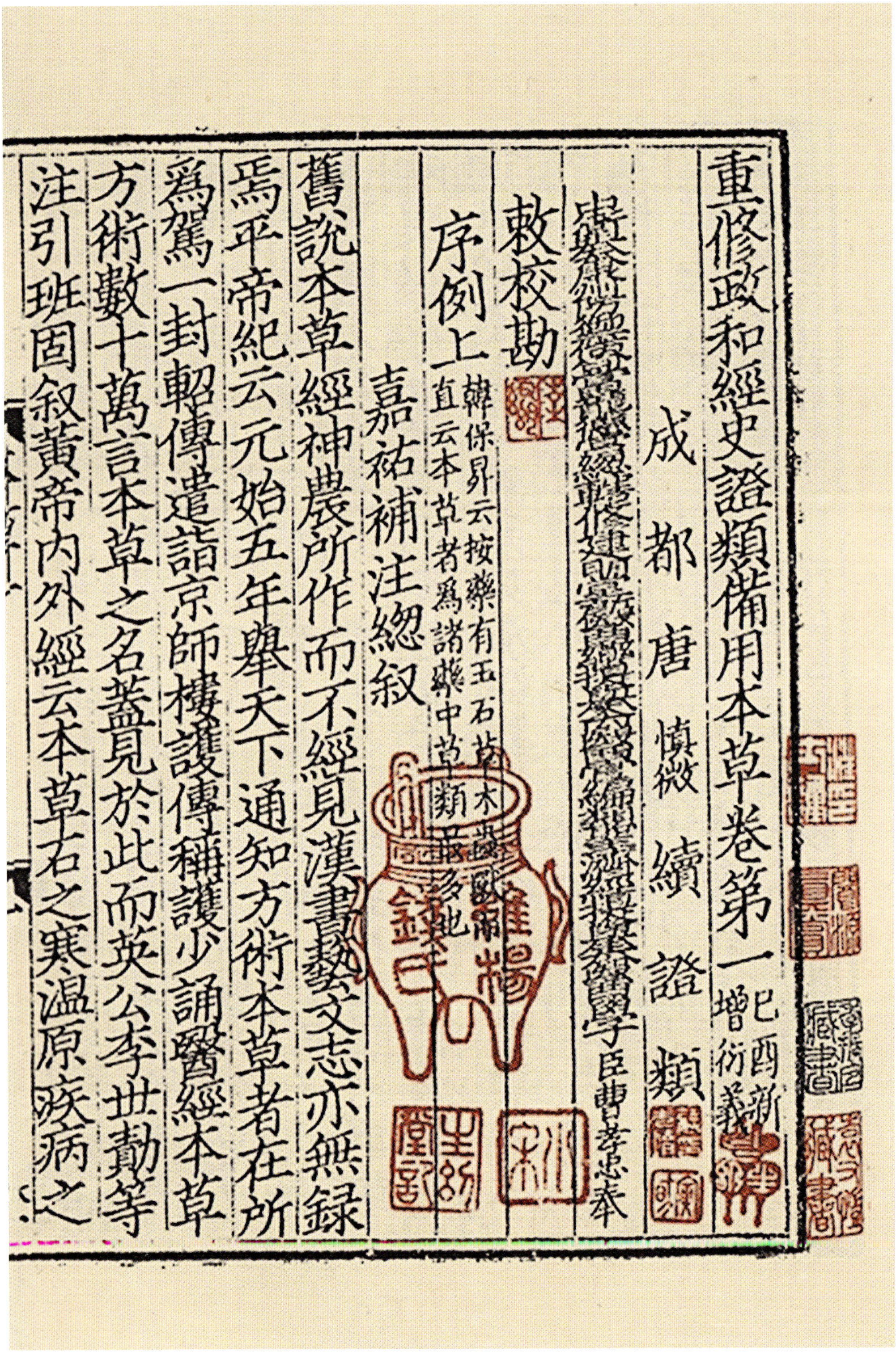

重修政和經史證類備用本草卷第一 已酉新增衍義

[illegible]學臣曹孝忠奉

成都唐慎微續證類

敕校勘

序例上 韓保昇云按藥有玉石草木蟲獸而直云本草者爲諸藥中草類最多也

嘉祐補注總敘

舊說本草經神農所作而不經見漢書藝文志亦無錄焉平帝紀云元始五年舉天下通知方術本草者在所爲駕一封軺傳遣詣京師樓護傳稱護少誦醫經本草方術數十萬言本草之名蓋見於此而英公李世勣等注引班固敘黃帝內外經云本草石之寒溫原疾病之

重修政和經史證類備用本草　蒙古定宗四年平陽張存惠晦明軒刻本

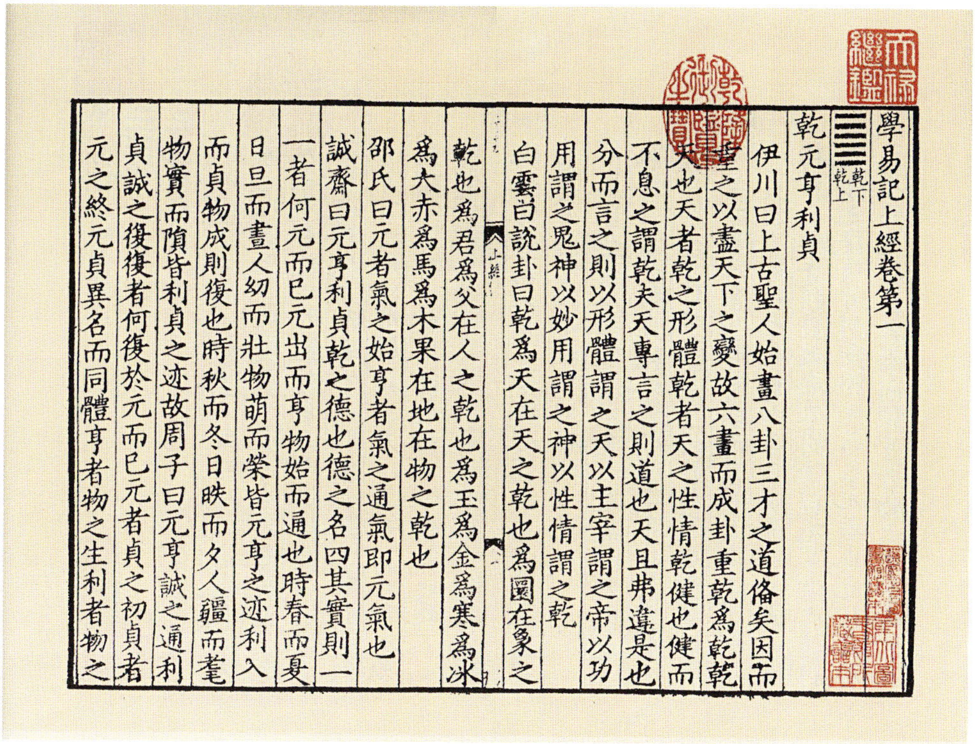
學易記上經卷第一
☰☰ 乾下乾上
乾元亨利貞
伊川曰上古聖人始畫八卦三才之道偹矣因而
重之以盡天下之變故六畫而成卦重乾爲乾乾
天也天者乾之形體乾者天之性情乾健也健而
不息之謂乾夫天專言之則道也天且弗違是也
分而言之則以形體謂之天以主宰謂之帝以功
用謂之鬼神以妙用謂之神以性情謂之乾
白雲曰說卦曰乾爲天在天之乾也爲圜在象之
乾也爲君爲父在人之乾也爲玉爲金爲寒爲冰
爲大赤爲馬爲木果在地在物之乾也
邵氏曰元者氣之始亨者氣之通氣即元氣也
誠齋曰元亨利貞乾之德也德之名四其實則一
一者何元而已元出而亨物始而通也時春而夏
日旦而晝人幼而壯物萌而榮皆元亨之迹利入
而貞物成則復也時秋而冬日昳而夕人疆而耄
物實而隕皆利貞之迹故周子曰元亨誠之通利
貞誠之復復者何復於元而已元者貞之初貞者
元之終元貞異名而同體亨者物之生利者物之

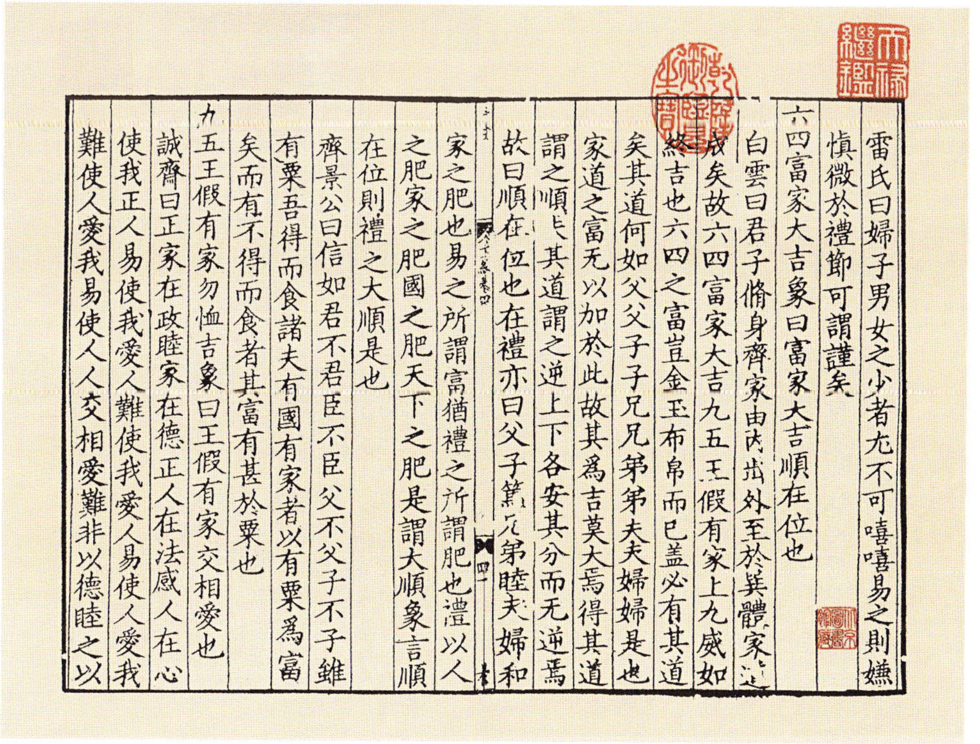
雷氏曰婦子男女之少者尤不可嘻嘻易之則嫶
慎微於禮節可謂謹矣
六四富家大吉象曰富家大吉順在位也
白雲曰君子脩身齊家由内出外至於巽體家道
成矣故六四富家大吉九五王假有家上九威如
終吉也六四之富豈金玉布帛而已蓋必有其道
矣其道何如父父子子兄兄弟弟夫夫婦婦是也
家道之富无以加於此故其爲吉莫大焉得其道
謂之順〻其道謂之逆上下各安其分而无逆焉
故曰順在位也在禮亦曰父子篤兄弟睦夫婦和
家之肥也易之所謂富猶禮之所謂肥也禮以人
之肥家之肥國之肥天下之肥是謂大順象言順
在位則禮之大順是也
齊景公曰信如君不君臣不臣父不父子不子雖
有粟吾得而食諸夫有國有家者以有粟爲富
矣而有不得而食者其富有甚於粟也
九五王假有家勿恤吉象曰王假有家交相愛也
誠齋曰正家在政睦家在德正人在法感人在心
使我正人易使我愛人難使我愛人易使人愛我
難使人愛我易使人人交相愛難非以德睦之以

學易記九卷　元刻本

由遼寧省圖書館與中國國家圖書館兩館藏本配成全秩。

18563　00093

大明一統志卷之四

順德府 東至廣平府威縣界一百五十里西至山西遼州和順縣界一百五十里南至廣平府永年縣界五十里北至真定府栢鄉縣界一百里自府治至京師一千里至南京一千七百三十里

建置沿革 禹貢冀州之域天文昴分野周時爲邢國地後屬晉戰國屬趙秦置信都縣屬鉅鹿郡項羽改襄國漢屬鉅鹿常山二郡及趙廣平二國晉時爲石勒所據石虎改置襄國郡後魏改爲襄國縣後周仍於縣立郡隋初廢郡以縣屬洺州開皇中置邢州大業初復改爲襄國郡唐初爲邢州置總管府天寶初改爲鉅鹿郡乾元

參 25230

大明一統志　明天順五年内府刻本

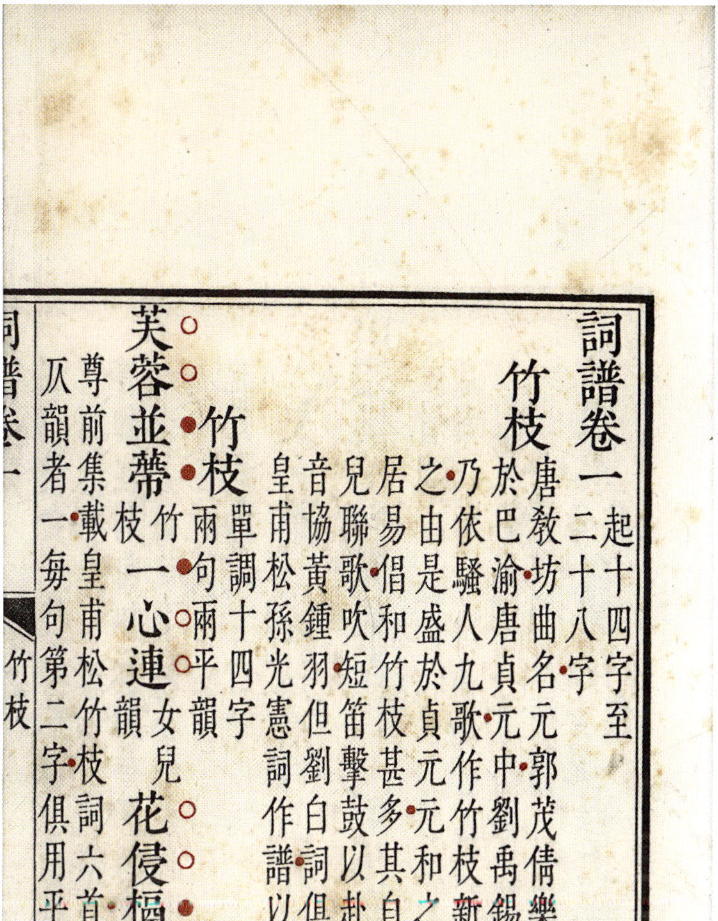

詞譜卷一 起十四字至二十八字

竹枝 唐教坊曲名元郭茂倩樂府詩集云竹枝本出於巴渝唐貞元中劉禹錫在沅湘以里歌鄙陋乃依騷人九歌作竹枝新詞九章教里中兒歌之由是盛於貞元元和之間按劉禹錫集與白居易倡和竹枝甚多其自敘云竹枝巴歈也巴兒聯歌吹短笛擊鼓以赴節歌者揚袂睢舞其音協黃鍾羽但劉白詞俱無和聲今以皇甫松孫光憲詞作譜以有和聲也

竹枝 單調十四字 兩句兩平韻

皇甫松

芙蓉並蔕竹枝一心連韻女兒花侵槅子竹枝眼應穿韻女兒

尊前集載皇甫松竹枝詞六首皆兩句體平韻者五仄韻者一每句第二字俱用平聲餘字平仄不拘所

詞譜十四卷　清康熙五十四年內府刻朱墨套印本

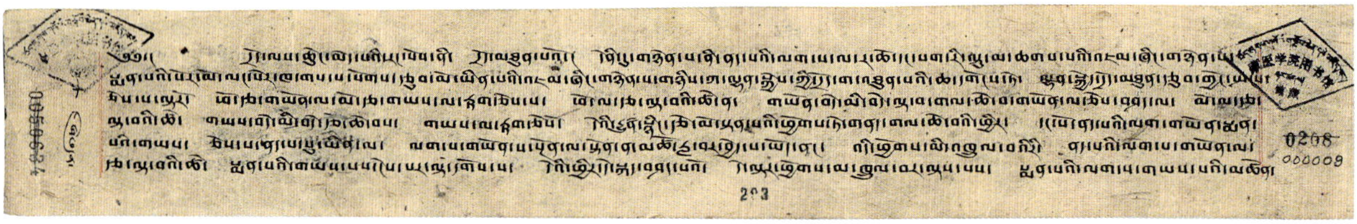

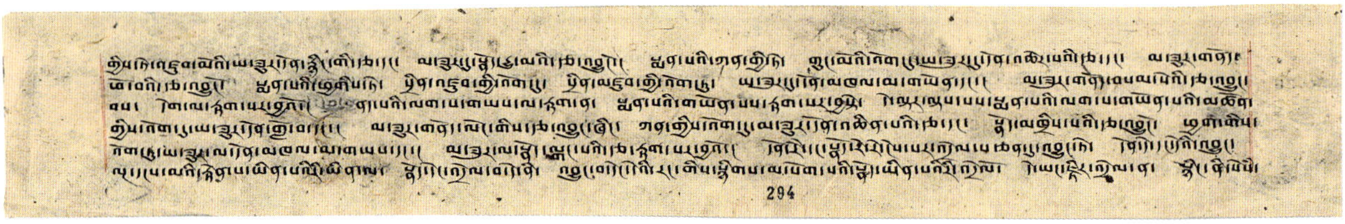

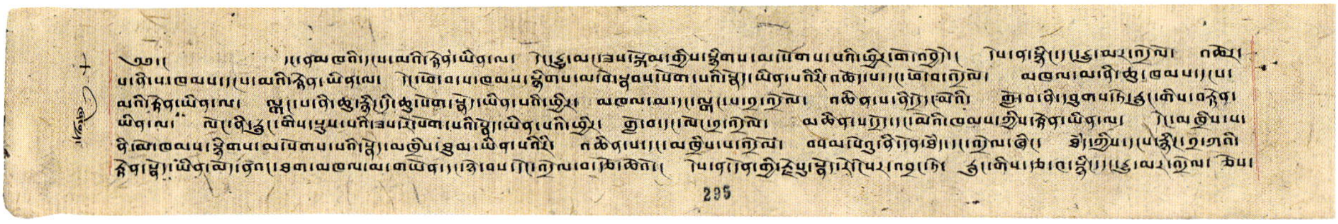

四部醫典後續醫典部注釋　藏文明寫本

中華再造善本工程規劃指導委員會

主任委員：
孫家正（文化部部長）
項懷誠（財政部部長）
副主任委員：
周和平（文化部副部長）
金立群（財政部副部長）
任繼愈（國家圖書館館長）
委　員：
張少春（財政部教科文司司長）
李　雄（文化部計劃財務司司長）

陳琪林（文化部社會文化圖書館司司長）
楊炳延（國家圖書館黨委書記、常務副館長）
安平秋（高等學校古籍整理委員會主任）
傅熹年（建設部建築研究院研究員、院士）
李致忠（國家圖書館研究館員）
陳高華（中國社會科學院歷史所研究員）
潘寅生（甘肅省圖書館研究館員）
王世偉（上海圖書館研究館員）

規劃指導委員會辦公室

主　任：

陳琪林（文化部社會文化圖書館司司長）

副主任：

張彥博（國家圖書館副館長）

成　員：

王家新（財政部教科文司文化處處長）
劉小琴（文化部社會文化圖書館司圖書館處處長）
邊　偉（文化部計劃財務司財務預算處處長）
胡惠英（國家圖書館計財處副處長）

中華再造善本工程編纂出版委員會

學術顧問（按姓氏筆畫排序）：
朱家溍（故宫博物院研究員）
李學勤（中國社會科學院歷史所研究員）
季羡林（北京大學東語系教授）
侯仁之（北京大學地理系教授、院士）
宿　白（北京大學考古系教授）
啓　功（中央文史館館長、北京師範大學中文系教授）

主任委員：
李致忠（國家圖書館研究館員）

委　員（按姓氏筆畫排序）：
方廣錩（中國社會科學院宗教所研究員）
史金波（中國社會科學院民族所研究員）
白化文（北京大學信息管理系教授）
朱鳳瀚（中國歷史博物館副館長、研究員）
周小璞（文化部社會文化圖書館司副司長）
許逸民（原國家古籍整理小組祕書長、中華書局編審）
馮其庸（中國藝術研究院研究員）
傅璇琮（中華書局原總編、編審）

編纂出版委員會辦公室
主　任：
周小璞（文化部社會文化圖書館司副司長）
副主任：
陳　力（國家圖書館副館長）

成　員：

王家新（財政部教科文司文化處處長）

張小平（文化部社會文化圖書館司圖書館處副處長）

張志清（國家圖書館善本部主任、副研究館員）

劉乃英（首都圖書館副研究館員）

李國慶（天津圖書館副研究館員）

陳先行（上海圖書館副研究館員）

郭又陵（北京圖書館出版社社長）

注：　中華再造善本工程規劃指導委員會和編纂出版委員會名單據二〇〇二年五月二十七日文化部、財政部『關於印發《中華再造善本工程實施方案》的通知』（文社圖發〔二〇〇二〕二一號）。

《中華再造善本》序言

我國是一個有着五千年歷史的文明古國。在長期的生産與社會實踐中，中華民族創造了光輝燦爛的文化，積累了豐富的文化典籍。歷史上雖屢遭政治動蕩及兵燹水火之厄，但迄今遺存的古代典籍，仍是浩如煙海。這些典籍承載着中華文明，凝聚着民族智慧，不僅具有極高的歷史文物價值和文獻研究價值，而且在當前建設有中國特色社會主義、建設民族先進文化的進程中，亦具有啓迪民智、古爲今用的重要作用。因此，加强保護和開發利用現存古籍，批判地繼承歷史文化遺産，不斷地推陳出新，歷來是我們黨和國家的一項基本文化政策。

半個多世紀以來，古籍的收藏已漸次形成以公藏爲主的格局，現存古籍的絶大部分聚藏於全國各級各類型圖書館中。據不完全統計，全國圖書館系統共收藏古籍二千七百五十餘萬册，其中可列入善本的亦有五萬部二百五十餘萬册。這是一筆豐厚而寶貴的文化財富。將這些歷盡劫難而幸存於世的古籍善本保管好，安全地傳諸子孫後代，是我們這一代人的歷史責任。現在全國各級各類型圖書館保管古籍的條件已經逐年有所改善，但毋庸諱言，現階段也還没能達到保證萬無一失的要求。況且在『保管重於流通』的管理理念之下，古籍善本很難與廣大讀者見面，當然也就無法充分發揮其應有的作用。什麼樣的保護措施使古籍善本永無災厄之虞，又能在保護的基礎上得以廣泛流通，從而爲弘揚中華民族優秀傳統文化服務，爲繁榮學術研究服務，這是亟待我們研究解决的一個時代新課題。

正是基於黨和國家關於保護和利用古籍的一貫政策，基於我國各級各類型圖書館保管古籍的現實狀况，在經過廣泛的調查研究和充分論證以後，文化部和財政部决定自二〇〇二年八月起，在全國實施『中華再造善本工程』。此項工程將分藏於中國國家圖書館和各省、自治區、直轄市圖書館以及高校、科研系統圖書館，乃至博物館的珍貴古籍善本，有計劃地利用現代印刷技術影印出版。這樣一方面可以使珍稀的孤本、善本化身千百，分藏於各地，確保珍貴文獻的傳承安全；另一方面借此可以擴大流通，促進古籍善本最大限度的傳播和利用。這是一項功在當代、澤被千秋的宏偉事業，是關係到子孫後代的長遠事業，也是堅持中國先進文化前進方向的一項重要舉措。

當前正值我國改革開放以來國力日盛的時期，經濟的發展必將帶動文化藝術的繁榮和中華民族的偉大復興。『中華再造善本工程』的實施適逢其時，自然將成爲這個偉大時代的一個文化標誌。惟其如此，這項工程同時也就要肩負起時代賦予的巨大職責。所謂時代職責，主要是指『中華再造善本工程』的標準一定要建立在當代最高最好這個層面上。具體而言，就是要在甄選編纂方面體現出系統性、權威性，在出版方面體現出高質量、高品位。也就是説，在編纂體例、選録標準以及提要撰寫等方面，力求達到當今學術研究的新高度；攝影、印刷乃至用紙、裝幀等，要具備現代印刷技術的水準。

《中華再造善本》凡分五編，自唐迄清爲唐宋編、金元編、明代編、清代編，這四編包括了中華歷代各民族的著述，而用少數民族文字書寫、版行的古籍，則專門編爲少數民族文字古籍編。考慮到中國古籍散藏於世界許多國家，將其中的善本一次性收集齊全頗屬不易，故此次的選録範圍暫以我國內地的收藏爲主，其他收藏在港、澳、臺地區及流散海外的珍稀版本，祇能留待以後有條件時再行訪採。又考慮到各個時代古籍的留存數量不同，愈古愈少，愈古愈貴，故此次選收版本大抵宋元以前從寬，明清兩代從嚴。『從嚴』自然意味着反復比較，優中選優，最所看重的是其版本的代表性和重要性。而所謂『從寬』，亦並非不加檢選，包羅一切，例如：魏王弼、晉韓康伯注《周易》九卷，唐邢璹注《略例》一卷，中國國家圖書館現藏有三種宋刻，一種元刻，三種宋刻中一種無題跋，一種配清影宋抄本，惟有董其昌、文嘉、文震孟、文從簡、秦蕙田題跋本，既卷帙完足，又經前賢鑒評，最足入選；元相臺岳氏荊溪家塾本

《九經》零種，乃元初義興岳氏據多種不同版本校正重刻，號稱精審，故亦得入選。又如：《史記》一百三十卷之二、三家注本，《中國古籍善本書目》著錄宋元（含蒙古）刻本共計十五種，其中惟有宋乾道七年蔡夢弼東塾刻本、宋淳熙三年張杅桐川郡齋刻八年耿秉重修本、宋黄善夫家塾刻本（清黄紹箕題款）和蒙古中統二年段子成刻明修本、元至元二十五年彭寅翁崇道精舍刻本入選，其餘則或以原本殘缺過甚、或以配補用本略晚而遭淘汰。由此可見，即令珍如拱璧的宋元刻本，也因爲卷帙的限制而不得不有所割愛。

如上所説，《中華再造善本》很重要的一條選錄原則，是儘可能選擇卷帙完足的版本。但時代相去久遠，原本難免會有殘損，或者一書歷經數人數代輾轉遞藏，也難保其卷帙不會流散。此次爲要保證影印的學術質量，專門提出了一個同書同版配補的原則。這樣的配補大抵有兩種情況，一是數地數部歸一，一是數部同時印出。前一種如宋刻本《京本點校附音重言重意互注周禮》由上海圖書館和北京大學圖書館所藏配齊；元刻本《學易記》由中國國家圖書館和遼寧省圖書館所藏珠聯璧合。後一種如宋潛説友纂修的咸淳《臨安志》一百卷，《中國古籍善本書目》著錄了三處所藏宋咸淳刻本，各自所存卷數不等，其一藏中國國家圖書館，存七十八卷（一至二十五、二十九至四十五、六十至六十三、六十五至八十九、九十一至九十七，清傅玉露、楊紹和跋）；其一藏南京圖書館，存九十五卷（一至六

十三、六十五至八十九、九十一至九十七，清周廣業校並跋，清沈烺校跋並題詩，清丁丙跋）；另一種亦爲中國國家圖書館所藏，僅止三葉。國圖、南圖兩館藏本都抄配孔多，配補合一後難以優勝劣汰，故各自獨立印出，保持原貌，以便讀者擇善而從。

自清代乾嘉以來，藏書家日益推重宋元舊刻，顧千里曾慨嘆『宋元本其距今日遠者甫八百餘年，近者且不足五百年，而天壤間乃已萬不存一』，故而呼籲『舉斷不可少之書，覆而墨之，勿失其真，是縮今日爲宋元也，是緩千百年爲今日也』（顧廣圻《思適齋集》卷十二）。這是久有仿真影刻宋元本行世的遠因。至近代，張元濟主持石印《四部叢刊》初、續、三編，專一收集古籍善本，耗時十七八年，規模空前宏大，但三編總計收書亦止四百七十七種，一萬一千九百二十一卷。與之相比，《中華再造善本》前四編共收書一千三百四十一種，其中單是元以前版本就達七百六十種，已遠遠超出了《四部叢刊》的數量。現在我們所以能夠做到這一點，當然是與黨和國家幾十年來重視和保護古籍的政策分不開，也與此次實施『中華再造善本工程』能夠集全國之庋藏分不開。如果再用現代影印技術與當初的石印技術相比，《中華再造善本》的影印效果則更遠勝《四部叢刊》。還有更加重要的一點，就是《中華再造善本》爲收入的每一種書都撰寫了提要，簡介作者生平，考辨版本源流，評述學術價值，這也是《四部叢刊》未曾做過的事情。祇此而言，不惟《四部叢刊》，即便歷數晚清以來輯印善本的種種叢書，能如《中華再造善本》選錄之富、影印之精、學術價值之高者，迄未有之。

當年張元濟在印行《四部叢刊》的啓示中，曾歸納他所做的工作有『七善』，前四善是：『彙刻群書，昉於南宋，後世踵之，顧其所收類多小種，足備專門之流覽，而非常人所必需；此之所收，皆四部之中家弦户誦之書，如布帛菽粟，四民不可一日缺者，其善一也。明之《永樂大典》，清之《圖書集成》，無所不包，誠爲鴻博，而所收古書，悉經剪裁；此則仍存原本，其善二也。書貴舊本，昔人明訓，麻沙惡槧，安用流傳；此則廣事購借，類多秘帙，其善三也。求書者，縱胸有晁、陳之學，冥心搜訪，然其聚也非在一地，其得也不能同時；此則所求之本，具於一編，省事省時，其善四也。』這四點的確反映了《四部叢刊》的特色，也表達了編纂出版者與廣大讀者的共同心聲。今天我們編纂出版的《中華再造善本》，上述四大特色尤爲鮮明。除此之外，因爲時代進步了，研究水平和印製技術都相應有了提高，在版本鑒別、影印效果等方面，均後出轉精。如果再要補充幾善的話，那麽有利於全國各級各類型圖書館庋藏更多的善本，有利於學術界獲得更加豐富的研究資料，有利於中外文化交流，讓世界更加了解中國，這些應該都是《中華再造善本》最具時代特色的優長之處。

『中華再造善本工程』是一項氣勢恢弘、意義深遠的重要文化工程，爲了統籌規劃，加强領導，文化部、財政部專門成立了中華再造善本工程規劃指導委員會和中華再造善本工程編纂出版委員會。規劃指導委員會主任由文化部、財政部部長擔任，副主任由文化部、財政部等有關部門分管部領導擔任，委員由文化部、財政部相關司負責人及部分專家擔任。編纂出版委員會由古籍版本專家和熟悉出版業務的人員組成，負責日常的編纂、出版工作。《中華再造善本》的成書過程，無論是規劃的制訂、各方面關係的協調，還是選目的確定、底本的提供以及提要的撰寫，每前進一步，無不得到文化部、財政部兩部領導的關懷與支持，同時也得到了學術界的廣泛支持與襄贊，得到了中國國家圖書館及各省、自治區、直轄市圖書館及科研系統、高校系統圖書館、各地博物館、文物保管單位的通力合作，值此《中華再造善本》即將蕆事之際，我們謹表示由衷的謝忱。

中華再造善本工程規劃指導委員會
中華再造善本工程編纂出版委員會

《中華再造善本》編纂凡例

一、本書是『中華再造善本工程』的一項重大成果。其編纂宗旨一爲保護，二爲弘揚。通過大規模影印珍稀古籍善本，確保中華民族優秀傳統文化遺産的傳承安全，並進一步開發利用，藉以繁榮學術，推動社會主義先進文化建設，促進中外文化交流。

二、本書的收錄範圍，可概括爲兩條界限：（一）以漢文古籍爲主，兼收少數民族文字古籍。漢文古籍中包括歷代各民族的著述，而少數民族文字古籍則獨成一編，以示中華文化的多元性與共創性。（二）以我國内地收藏的古籍爲主，其他收藏在港、澳、臺地區及流散於海外的珍稀善本，俟條件成熟時再廣事搜集，另作一編。

三、有關古籍『善本』的定義，本書採用當前學術界的一致看法，即認爲『善本』概指『具有歷史文物性、學術資料性、藝術代表性，或雖不全備，僅具其中之一二而又流傳較少的現存古籍』。在上述『三性』中，唐宋編、金元編，尤更多注重其歷史文物性和藝術代表性，同時兼及學術資料性。明清編則更注重學術性，同時兼顧版本的珍貴價值。

四、自唐迄清，本書凡分爲五編，依次是唐宋編、金元編、明代編、清代編、少數民族文字古籍編。因爲各個時代古籍存世的情況不同，故各編選錄多寡亦有異。大抵唐宋編、金元編選錄從寬，力求大部分網羅諸種著述的存世版本；明代編、清代編以其存世典籍浩繁，不勝其選，故祇能從學術的代表性、重要性入手從嚴遴選；少數民族文字古籍編選原則爲：文種全、内容完整、傳本珍稀。

五、本書的具體選錄標準，有以下幾點：（一）在中國書籍史和版印史上具有代表性的珍貴典籍；（二）海内外僅存的孤本，或流傳稀少、具有重要版本價值的典籍；（三）流傳有緒，遞藏分明，有衆多學者、藏書家題跋批校的珍貴典籍；（四）著名著述的稿本，或有代表性的抄本；（五）反映中華民族優秀傳統文化（包括思想、政治、歷史、經濟、軍事、科學、教育、文學、藝術、地理等）的經典性著述的珍貴版本；（六）具有獨特歷史文獻價值的特藏古籍；（七）少數民族文字古籍則選取創世經典、文學藝術、法典民規、農工科技、醫藥、人物傳記等能反映各該民族社會歷史生活的文獻。

六、全書按五編分編列目。漢文部分每編之内依經史子集叢五部類分。類下各書依撰著者時代先後部居。同一書不同版本，依版本早晚排列。少數民族文字古籍按文種列目。各款目最後著錄《中華再造善本》底本來源單位。

七、對於所收錄各書的版本，凡遇殘損者，配補原則是：如同一種書的同一版本某些卷帙分藏數地，則儘可能數處歸一。對同一種書的不同版本則不作硬性拼合，以免喪失原本舊貌。

八、力求印裝典雅乃本書影印出版的第一要義。爲確保影印效果，對於原底本板框大小，凡符合製版要求者一律保存舊貌，不作任何變動。惟底本板框過大，則稍加緊縮。無論何種情況，皆在該影印本首葉輯封處作牌記，説明所據底本爲何時何種版本，現藏於何地，以及原底本板框高、寬尺寸。底本原有之題跋、批校、印鑒，概予保留，悉仍其舊。

九、本書爲入選各書撰寫簡明提要。提要内容主要包括（一）著者生平簡介；（二）本書編撰梗概；（三）版本源流考辨；（四）底本評價述要。每篇提要於上述四個方面可以各有側重，但總以言之有據、要言不繁爲準則。

十、每篇提要前款目版本之著錄，均是各原書目所著錄者，而最終的考定意見，則反映在各該書提要的結論中。

目錄

中華再造善本工程規劃指導委員會
中華再造善本工程編纂出版委員會
《中華再造善本》序言……一
《中華再造善本》編纂凡例……一
目錄……一
唐宋編
經部……一

史部……一三
子部……二九
集部……四三
叢書……七二

金元編

經部……七八
史部……九二
子部……一〇一
集部……一一四

明代編

經部……一三〇
史部……一三五
子部……一四四
集部……一五六

清代編

經部……一九八
史部……二〇三
子部……二一二
集部……二一八

少數民族文字古籍編……二四八

少數民族文字古籍編……二四八

唐宋編補遺

子部……二五三
集部……二五三
書名筆畫索引……一
著者筆畫索引……三五

中華再造善本總目

唐宋編

經部

周易九卷（魏）王弼（晉）韓康伯注（唐）陸德明釋文 略例一卷（唐）邢璹注 宋刻本 董其昌 文嘉 文震孟 文從簡 秦蕙田跋 中國國家圖書館

一

周易注疏十三卷（魏）王弼（晉）韓康伯注 （唐）孔穎達疏 宋兩浙東路茶鹽司刻宋元遞修本（序 表 卷一配清陳氏士鄉堂抄本） 陳鱣跋 中國國家圖書館

二

周易正義十四卷（唐）孔穎達撰　宋刻遞修本　翁方綱　傅增湘跋　中國國家圖書館　三

漢上易傳十一卷（宋）朱震撰　漢上先生履歷一卷　清初毛氏汲古閣影宋抄本　中國國家圖書館　四

周易本義十二卷易圖一卷五贊一卷筮儀一卷（宋）朱熹撰　宋咸淳元年吳革刻本　中國國家圖書館　五

周易要義十卷（宋）魏了翁撰　宋淳祐十二年魏克愚紫陽書院刻本　中國國家圖書館　存六卷　一至二　七至十　六

大易集義六十四卷（宋）魏了翁輯　宋刻本（卷六至十　二十四至二十六配清抄本）　中國國家圖書館　七

張先生校正楊寶學易傳二十卷（宋）楊萬里撰　張敬之校正　宋刻本　鄭希聖　朱良育跋　中國國家圖書館　八

張先生校正楊寶學易傳二十卷（宋）楊萬里撰　張敬之校正　宋刻本　中國國家圖書館　九

一〇 大易粹言十二卷（宋）曾穜輯　宋淳熙三年舒州公使庫刻本　中國國家圖書館

一一 童溪王先生易傳三十卷（宋）王宗傳撰　宋開禧元年建安劉日新宅三桂堂刻本　中國國家圖書館　存二十二卷　一至十四　十八至二十二　二十八至三十

一二 古三墳書三卷　宋紹興十七年婺州州學刻本　陸元通　陶日發　寶康題款　中國國家圖書館

一三 尚書十三卷　題（漢）孔安國傳　宋刻本　北京大學圖書館

一四 尚書正義二十卷（唐）孔穎達撰　宋兩浙東路茶鹽司刻本（卷七至八　十九至二十配日本影宋抄本）　楊守敬跋　中國國家圖書館

一五 朱文公訂正門人蔡九峰書集傳六卷（宋）蔡沈撰　書傳問答一卷　宋淳祐十年呂遇龍上饒郡學刻本　中國國家圖書館

一六 禹貢論二卷後論一卷山川地理圖二卷（宋）程大昌撰　宋淳熙八年泉州州學刻本　中國國家圖書館

杏溪傅氏禹貢集解二卷（宋）傅寅撰　宋刻元修本　中國國家圖書館　一七

毛詩詁訓傳二十卷（漢）毛萇傳　鄭玄箋　（唐）陸德明釋文　宋刻本　中國國家圖書館　一八

詩集傳二十卷（宋）蘇轍撰　宋淳熙七年蘇詡筠州公使庫刻本　中國國家圖書館　一九

詩集傳二十卷（宋）朱熹撰　宋刻本　吳壽旸跋並録　陳鱣跋　南京圖書館　存八卷 一至八　二〇

呂氏家塾讀詩記三十二卷（宋）呂祖謙撰　宋淳熙九年江西漕臺刻本　中國國家圖書館　二一

監本纂圖重言重意互注點校毛詩二十卷圖譜一卷（漢）毛萇傳　鄭玄箋　（唐）陸德明釋文　宋刻本（卷五至七清黃丕烈倩人影宋抄配）　黃丕烈　勞健　周叔弢跋　中國國家圖書館　二二

詩說十二卷總說一卷（宋）劉克撰　宋刻本　吳寬跋　錢同愛題款　中國國家圖書館　二三

存十卷　一　三至八　十一至十二　總説

二四　周禮十二卷（漢）鄭玄注　宋婺州市門巷唐宅刻本　勞健抄補並跋　中國國家圖書館

二五　周禮十二卷（漢）鄭玄注　（唐）陸德明釋文　宋刻本　北京大學圖書館

二六　纂圖互注周禮十二卷（漢）鄭玄注（唐）陸德明釋文　圖説一卷　宋刻本　中國國家圖書館

二七　周禮疏五十卷（唐）賈公彦等撰　宋兩浙東路茶鹽司刻宋元遞修本　中國國家圖書館

二八　京本點校附音重言重意互注周禮十二卷（漢）鄭玄注　宋刻本　上海圖書館　北京大學圖書館

由上海圖書館與北京大學圖書館配全上圖　一　三　七至十二　北大　二　四至六

二九　儀禮要義五十卷（宋）魏了翁撰　宋淳祐十二年魏克愚紫陽書院刻本（目録　卷一至六　二十五至二十八　四十一至四十三配清抄本）　中國國家圖書館

三〇　禮記二十卷（漢）鄭玄注　宋婺州義烏酥溪蔣宅崇知齋刻本　中國國家圖書館

存五卷 一至五

三一 禮記二十卷 （漢）鄭玄注　宋淳熙四年撫州公使庫刻本　顧廣圻跋　中國國家圖書館

三二 禮記二十卷 （漢）鄭玄注　（唐）陸德明音義　宋余仁仲萬卷堂家塾刻本　周叔弢跋　中國國家圖書館

三三 纂圖互注禮記二十卷 （漢）鄭玄注　（唐）陸德明音義　宋刻本　錢天樹　孫銍　楊希鈺　李兆洛　陳鑾　吳憲澂　張爾旦　季錫疇　吳輔仁　張蓉鏡跋　中國國家圖書館

三四 禮記正義七十卷 （唐）孔穎達撰　宋紹熙三年黄唐兩浙東路茶鹽司刻宋元遞修本　惠棟　李盛鐸跋　中國國家圖書館

三五 禮記要義三十三卷 （宋）魏了翁撰　宋淳祐十二年魏克愚紫陽書院刻本　金錫爵跋　中國國家圖書館

存三十一卷 三至三十三

三六 禮記釋文四卷 （唐）陸德明撰　宋淳熙四年撫州公使庫刻本　顧廣圻跋　中國國家圖書館

三七 禮記集説一百六十卷統説一卷 （宋）衛湜撰　宋嘉熙四年新定郡齋刻本（卷三十四至四十　九十三至九十五　一百至一百六配清抄本）

黃丕烈跋　中國國家圖書館

三八　儀禮經傳通解三十七卷（宋）朱熹撰　宋嘉定十年南康道院刻元明遞修本（卷八至十　二十三配明抄本）　丁丙跋　南京圖書館
存三十六卷　一至十四　十六至三十七

三九　新定三禮圖二十卷（宋）聶崇義集注　宋淳熙二年鎮江府學刻公文紙印本　錢謙益跋　中國國家圖書館

四〇　家禮五卷題（宋）朱熹撰　附錄一卷（宋）楊復撰　宋刻本（卷一至三配清影宋抄本）　中國國家圖書館

四一　公羊春秋不分卷穀梁春秋不分卷（唐）陸德明音釋　宋刻本　勞健跋　中國國家圖書館

四二　春秋經傳集解三十卷（晉）杜預撰　（唐）陸德明釋文　宋刻本　上海圖書館

四三　纂圖互注春秋經傳集解三十卷（晉）杜預撰（唐）陸德明釋文　春秋名號歸一圖二卷（後蜀）馮繼先撰　宋龍山書院刻本　袁克文跋　中國國家圖書館

四四 **春秋經傳集解三十卷**（晉）杜預撰（唐）陸德明釋文 **春秋二十國年表一卷** 宋刻本 上海圖書館

四五 **春秋左傳正義三十六卷**（唐）孔穎達撰 宋慶元六年沈作賓紹興府刻宋元遞修本 中國國家圖書館

四六 **春秋公羊疏三十卷**（唐）徐彥撰 宋刻元修本 中國國家圖書館 **存七卷** 一至七

四七 **春秋公羊經傳解詁十二卷**（漢）何休撰 **釋文一卷**（唐）陸德明撰 宋淳熙撫州公使庫刻紹熙四年重修本 中國國家圖書館

四八 **春秋公羊經傳解詁十二卷**（漢）何休撰（唐）陸德明釋文 宋紹熙二年余仁仲萬卷堂刻本 黃彭年 李盛鐸 袁克文跋 中國國家圖書館

四九 **監本附音春秋穀梁注疏二十卷**（晉）范甯撰（唐）楊士勛疏 陸德明釋文 宋刻元修本 中國國家圖書館

五〇 春秋名號歸一圖二卷（後蜀）馮繼先撰 春秋二十國年表一卷春秋圖説一卷宋刻本 中國國家圖書館

五一 春秋意林二卷（宋）劉敞撰 宋刻本 遼寧省圖書館

五二 西疇居士春秋本例二十卷（宋）崔子方撰 宋刻本 上海圖書館

五三 春秋五禮例宗十卷（宋）張大亨撰 宋刻本 傅增湘跋 中國國家圖書館

五四 春秋傳三十卷（宋）胡安國撰 宋乾道四年刻慶元五年黄汝嘉重修本 北京大學圖書館 存七卷一至三 七至十

五五 春秋集注十一卷綱領一卷（宋）張洽撰 宋寶祐三年方應發臨江郡庠刻本 中國國家圖書館

五六 春秋集注十一卷綱領一卷（宋）張洽撰 宋德祐元年衛宗武華亭義塾刻本 遼寧省圖書館

春秋繁露十七卷（漢）董仲舒撰　宋嘉定四年胡槻江右計臺刻本　中國國家圖書館　五七

監本纂圖重言重意互注論語二卷（魏）何晏集解　宋劉氏天香書院刻本　楊守敬　袁克文跋　北京大學圖書館　五八

論語集説十卷（宋）蔡節撰　宋淳祐六年湖頖刻本　中國國家圖書館　五九

孟子或問纂要一卷（宋）朱熹撰　宋刻本　上海圖書館　六〇

中庸輯略二卷（宋）石𡼖輯　朱熹刪定　宋刻本　中國國家圖書館　六一

四書章句集注二十八卷（宋）朱熹撰　中國國家圖書館　六二
論語集注十卷序説一卷
孟子集注十四卷序説一卷　宋嘉定十年當塗郡齋刻嘉熙四年淳祐八年十二年遞修本
中庸章句一卷
大學章句一卷　宋淳祐十二年當塗郡齋刻本

經典釋文三十卷（唐）陸德明撰　宋刻宋元遞修本　中國國家圖書館　六三

爾雅三卷（晉）郭璞注 音釋三卷 宋刻本 顧廣圻跋 中國國家圖書館 六四
爾雅疏十卷（宋）邢昺撰 宋刻宋元明初遞修公文紙印本 中國國家圖書館 六五
輶軒使者絶代語釋別國方言十三卷（漢）揚雄撰 （晉）郭璞解 宋慶元六年尋陽郡齋刻本 王闓運 繆荃孫 沈曾植 袁克文 鄧邦述 章鈺跋 中國國家圖書館 六六
群經音辨七卷（宋）賈昌朝撰 宋紹興九年臨安府學刻宋元遞修本 中國國家圖書館 六七
説文解字十五卷（漢）許慎撰 （宋）徐鉉等校定 宋刻元修本 丁晏跋 中國國家圖書館 六八
新集古文四聲韻五卷（宋）夏竦撰 宋刻本（卷一配清抄本） 中國國家圖書館 六九
隸韻十卷（宋）劉球撰 宋刻拓本 錢大昕 盧焯 錢維喬跋 吳雲等題款 中國國家圖書館 存九卷 一至三 五至十 七〇

七一　隸韻十卷碑目一卷（宋）劉球撰　宋刻拓本　秦恩復　江藩　阮元　王宗敬　徐渭仁　趙烈文　楊守敬　褚德彝跋　吳同甲題款　上海圖書館
存六卷　三至四　六　八至九　碑目

七二　龍龕手鑑四卷（遼）釋行均撰　宋刻本（卷三配清初毛氏汲古閣影宋抄本）　中國國家圖書館

七三　廣韻五卷（宋）陳彭年等撰　宋刻本　楊守敬跋　上海圖書館

七四　鉅宋廣韻五卷（宋）陳彭年等撰　宋乾道五年建寧府黃三八郎刻本（卷四配元刻本）　上海圖書館

七五　集韻十卷（宋）丁度等撰　宋刻本　中國國家圖書館

七六　切韻指掌圖一卷　題（宋）司馬光撰　宋紹定三年越州讀書堂刻本　中國國家圖書館

七七　韻補五卷（宋）吳棫撰　宋刻本（卷一第八至九葉　卷三第一葉係後人抄補）　遼寧省圖書館

七八　附釋文互注禮部韻略五卷韻略條式一卷　宋紹定三年藏書閣刻本　中國國家圖書館

押韻釋疑五卷拾遺一卷（宋）歐陽德隆撰　宋嘉熙三年禾興郡齋刻本　中國國家圖書館　七九

存五卷上平　下平　上聲　入聲　拾遺

紫雲先生增修校正押韻釋疑五卷（宋）歐陽德隆撰　郭守正增修　宋刻本　上海圖書館　八〇

史部

史記一百三十卷（漢）司馬遷撰　（南朝宋）裴駰集解　（唐）司馬貞索隱　宋乾道七年蔡夢弼東塾刻本（卷四十三配清光緒元年楊保彝影宋抄本）　中國國家圖書館　八一

史記一百三十卷（漢）司馬遷撰　（南朝宋）裴駰集解　（唐）司馬貞索隱　宋淳熙三年張杅桐川郡齋刻八年耿秉重修本　中國國家圖書館　八二

史記一百三十卷（漢）司馬遷撰　（南朝宋）裴駰集解　（唐）司馬貞索隱　張守節正義　宋建安黃善夫家塾刻本　黃紹箕題款　中國國家圖書館　八三

存六十九卷 一 四至十二 十九至二十一 二十三至三十 三十九至六十七 七十三至九十 一百三十

八四 **漢書一百卷**（漢）班固撰 （唐）顔師古集注 北宋刻遞修本（卷三十配宋慶元元年建安劉元起刻本 卷三十九配宋嘉定蔡琪家塾刻本） 倪瓚 黄丕烈 顧廣圻跋 中國國家圖書館

八五 **漢書一百卷**（漢）班固撰 （唐）顔師古集注 宋慶元元年劉元起刻本 北京大學圖書館

八六 **漢書一百卷**（漢）班固撰 （唐）顔師古集注 宋蔡琪家塾刻本（卷二十九 四十五至四十七 五十六至五十七上 八十六 八十八 九十九配另一宋刻本） 中國國家圖書館

八七 **漢書一百卷**（漢）班固撰 （唐）顔師古集注 宋嘉定十七年白鷺洲書院刻本（卷七十八至八十一配明影宋刻本） 中國國家圖書館

八八 **後漢書九十卷**（南朝宋）范曄撰 （唐）李賢注 **志三十卷**（晉）司馬彪撰 （南朝梁）劉昭注 北宋刻宋元遞修本（目録 卷一 七十至七十二 志卷二十一至二十二配清初抄本 卷四十五至四十七 六十四至六十六 六十八至六十九 七十八至八十三 志卷三十配宋刻元修本） 中國國家圖書館

存一百十五卷 一至二 六至九十 志三至三十

八九 **後漢書九十卷**（南朝宋）范曄撰 （唐）李賢注 **志三十卷**（晉）司馬彪撰 （南朝梁）劉昭注 北宋刻宋元遞修本（卷十六 十八至十九 二十五至二十六

三十二 三十五至三十九 六十一至六十三 六十六至六十九 七十三 七十九 志卷二十一 二十四至三十配宋黄善夫刻本 目録 卷一至二 十下 十七 二十至二十四 二十七至三十 三十三至三十四 四十至四十八 五十至五十七 六十 七十四下至七十八 八十一至八十四 八十九至九十 志卷一至二 十至二十 二十三配宋嘉定元年蔡琪一經堂刻本） 中國國家圖書館

存一百六卷 一至十 十二至四十八 五十至五十七 六十至六十三 六十六至八十四 八十六 八十九至九十 志一至三 九至三十

九〇 **後漢書九十卷**（南朝宋）范曄撰（唐）李賢注 **志三十卷**（晉）司馬彪撰 （南朝梁）劉昭注 宋紹興江南東路轉運司刻宋元遞修本（卷十二至十六配涵芬樓抄本） 中國國家圖書館

九一 **後漢書九十卷**（南朝宋）范曄撰（唐）李賢注 **志三十卷**（晉）司馬彪撰 （南朝梁）劉昭注 宋王叔邊刻本（卷四十下配另一宋刻本） 中國國家圖書館

九二 **後漢書九十卷**（南朝宋）范曄撰（唐）李賢注 **志三十卷**（晉）司馬彪撰 （南朝梁）劉昭注 宋白鷺洲書院刻本 中國國家圖書館

九三 **後漢書九十卷**（南朝宋）范曄撰（唐）李賢注 **志三十卷**（晉）司馬彪撰 （南朝梁）劉昭注 宋慶元四年建安黄善夫刻本 潘祖蔭跋 北京大學圖書館

九四 **三國志六十五卷**（晉）陳壽撰 （南朝宋）裴松之注 宋刻本（卷二 四十至四十一配清影宋抄本） 中國國家圖書館

三國志六十五卷（晉）陳壽撰　（南朝宋）裴松之注　宋衢州州學刻宋元明遞修本　北京大學圖書館　九五
晉書一百三十卷（唐）房玄齡等撰　宋刻本（卷九十九第九葉　卷一百六第十一葉　卷一百十一第九葉精抄配補）　中國國家圖書館　九六
宋書一百卷（南朝梁）沈約撰　宋刻宋元明遞修本　中國國家圖書館　九七
南齊書五十九卷（南朝梁）蕭子顯撰　宋刻宋元明初遞修本　繆荃孫　楊守敬　章鈺跋　沈曾植題款　中國國家圖書館　九八
梁書五十六卷（唐）姚思廉撰　宋刻宋元明遞修本　上海圖書館　九九
陳書三十六卷（唐）姚思廉撰　宋刻宋元遞修本　中國國家圖書館　一〇〇
魏書一百十四卷（北齊）魏收撰　宋刻宋元明遞修本　中國國家圖書館　一〇一
北齊書五十卷（唐）李百藥撰　宋刻宋元明遞修本　中國國家圖書館　一〇二
周書五十卷（唐）令狐德棻等撰　宋刻宋元明遞修本　北京大學圖書館　一〇三

〇一〇四 南史八十卷（唐）李延壽撰　宋刻本（卷十一　十五至十八　二十一配清初抄本）　中國國家圖書館

〇一〇五 北史一百卷（唐）李延壽撰　宋刻本　中國國家圖書館
存二十七卷　十三至三十八　四十九

〇一〇六 隋書八十五卷（唐）魏徵等撰　宋刻遞修本　沈曾植題款　中國國家圖書館
存六十五卷　一至九　十三至十五　十九至二十六　三十二至七十六

〇一〇七 隋書八十五卷（唐）魏徵等撰　宋刻本　李盛鐸　袁克文跋　中國國家圖書館
存五卷　二十四至二十五　八十三至八十五

〇一〇八 唐書二百卷（後晉）劉昫等撰　宋紹興兩浙東路茶鹽司刻本　中國國家圖書館
存六十九卷　志十一至十四　二十一至二十五　二十八至三十　列傳十五至二十八　三十八至四十七　五十至六十　七十八至八十三　一百十五至一百十九　一百一十九至一百三十四

一百四十下至一百四十四上

一〇九 唐書二百二十五卷目錄二卷（宋）歐陽修　宋祁等撰　宋紹興刻宋元遞修公文紙印本　中國國家圖書館
存一百三十二卷目錄　一至四十三　四十五至四十七　七十下　七十四至七十五　九十二至一百九　一百五十六至二百十五上　二百二十至二百二十二

一一〇 古史六十卷（宋）蘇轍撰　宋刻元明遞修本　楊守敬跋　中國國家圖書館

一一一 建康實錄二十卷（唐）許嵩撰　宋紹興十八年荊湖北路安撫使司刻遞修本　中國國家圖書館

一一二 資治通鑑二百九十四卷目錄三十卷（宋）司馬光撰　宋紹興二年至三年兩浙東路茶鹽司公使庫刻本　中國國家圖書館

一一三 資治通鑑考異三十卷（宋）司馬光撰　宋紹興二年兩浙東路茶鹽司公使庫刻宋元遞修本（卷二十七至三十影宋抄配）　中國國家圖書館

一一四 資治通鑑釋文三十卷（宋）史炤撰　宋刻本　中國國家圖書館

一一五 資治通鑑外紀詳節十卷　宋刻本　中國國家圖書館

一一六 入注附音司馬溫公資治通鑑一百卷　宋刻本　傅增湘跋　中國國家圖書館

存八十一卷　一至十四　二十四至四十八　五十一至六十二　六十七至七十九　八十四至一百

一一七 入注附音司馬溫公資治通鑑詳節目錄一卷入注附音司馬溫公資治通鑑綱目一卷　宋刻本　陸沆跋　上海辭書出版社圖書館

一一八 呂大著點校標抹增節備注資治通鑑一百二十卷　（宋）呂大著撰　宋刻本（卷三十至三十八　六十一　七十四至七十七　九十一至九十四配鐵琴銅劍樓影宋抄本）　中國國家圖書館

存八十六卷　九至十三　十七至四十四　五十四至一百六

一一九 資治通鑑綱目五十九卷　（宋）朱熹撰　宋刻本（卷四十六配另一宋刻本　卷四十七至五十一配又一宋刻本）　中國國家圖書館

一二〇 編年通載十卷　（宋）章衡撰　宋刻本　黃丕烈跋　勒方錡等題款　中國國家圖書館

存四卷 一至四

歷代紀年十卷（宋）晁公邁撰　宋紹熙三年盱江郡齋刻本　黄丕烈跋　中國國家圖書館　一二一一

存九卷 二至十

續資治通鑑長編一百八卷（宋）李燾撰　宋刻本　遼寧省圖書館　一二一二

存一百六卷 一至七十四　七十七至一百八

續資治通鑑長編撮要一百八卷（宋）李燾撰　宋刻本（卷八至二十九　三十五至三十八之一　四十一之二至六十一　六十七至七十九　八十一之三至八十二之三　八十七至八十八配清乾隆八年楊濬抄本）　楊濬　蔣重光跋　中國國家圖書館　一二一三

皇朝編年備要三十卷（宋）陳均撰　宋刻本　錢大昕跋　上海圖書館　一二一四

皇朝中興繫年要録節要□□卷 宋刻本　上海圖書館　一二一五

存十卷八至十七

一二六 中興兩朝編年綱目十八卷 宋刻元修本（卷八至十一 十五至十八配清影宋抄本） 中國國家圖書館

一二七 通鑑紀事本末四十二卷（宋）袁樞撰 宋淳熙二年嚴陵郡庠刻本 顧廣圻 石韞玉 宗舜年跋 中國國家圖書館

一二八 通鑑紀事本末四十二卷（宋）袁樞撰 宋寶祐五年趙與𥲅刻元明遞修本（序 總目 卷一影宋抄配） 楊守敬 繆荃孫 葉德輝跋 上海辭書出版社圖書館

一二九 袁氏通鑑紀事本末撮要八卷（宋）蔡文子輯 宋刻本 張敦仁校 中國國家圖書館

一三〇 路史四十七卷（宋）羅泌撰 宋刻本 中國國家圖書館

一三一 國語二十一卷（吳）韋昭注 補音三卷（宋）宋庠撰 宋刻宋元遞修本 中國國家圖書館

一三二 戰國策三十三卷（漢）高誘注 （宋）姚宏校正 宋紹興刻本 黃丕烈 顧廣圻跋並題詩 鈕樹玉 袁廷檮 夏文燾題詩 中國國家圖書館

一三三 鮑氏國策十卷（宋）鮑彪校注 宋紹熙二年會稽郡齋刻本 中國國家圖書館

國朝諸臣奏議一百五十卷（宋）趙汝愚輯　宋淳祐十年史季溫福州刻元明遞修本　上海圖書館　一三四

育德堂奏議六卷（宋）蔡幼學撰　宋刻本　中國國家圖書館　一三五

宋中書舍人南豐先生曾公謚議一卷（宋）劉漢弼撰　稿本　韓性　黄溍　周伯琦　盛景年　危素　魏驥　張居傑　王懿修　胡如瀛　許正綬　胡佚民等跋並題詩　故宮博物院圖書館　一三六

五朝名臣言行錄十卷三朝名臣言行錄十四卷（宋）朱熹輯　宋淳熙刻本　中國國家圖書館　一三七

新纂門目十朝名臣言行錄四十卷　宋刻本　中國國家圖書館　一三八

新刊名臣碑傳琬琰之集上集二十七卷中集五十五卷下集二十五卷（宋）杜大珪輯　宋刻元明遞修本　中國國家圖書館　一三九

一四〇 東家雜記二卷（宋）孔傳撰　宋刻遞修本　袁則明　黄丕烈　錢大昕跋　中國國家圖書館

一四一 漢丞相諸葛忠武侯傳一卷（宋）張栻撰　宋刻本　黄丕烈跋　上海圖書館

一四二 忠文王紀事實録五卷（宋）謝起巖撰　宋咸淳七年刻明公文紙印本　傅增湘跋　中國國家圖書館

一四三 眉山新編十七史策要一百五十卷　宋刻本　中國國家圖書館
存一百十一卷　史記六卷全　前漢書一至十五　二十二至二十七　後漢書二—六卷全　魏志一至四　蜀志二卷全　吴志五卷全　晉書六至二十一　南齊書三卷全　梁書三卷全　陳書二卷全　魏書八卷全　周書二卷全　北齊書二卷全　隋書三卷全　唐書一至四　十至十三

一四四 諸史提要十五卷（宋）錢端禮撰　宋乾道紹興府學刻本　中國國家圖書館

一四五 分門史志通典治原之書十五卷　宋刻本　遼寧省圖書館

一四六 諸儒校正西漢詳節三十卷（宋）呂祖謙輯　宋刻本　羅振常跋　華東師範大學圖書館

存二十八卷 一至二十三 二十六至三十

一四七 兩漢博聞十二卷（宋）楊侃輯 宋乾道八年胡元質姑孰郡齋刻本（卷一至三配清抄本） 中國國家圖書館

一四八 漢雋十卷（宋）林鉞輯 宋淳熙五年滁陽郡齋刻本 中國國家圖書館

一四九 漢雋十卷（宋）林鉞輯 宋淳熙十年象山縣學刻本 上海圖書館

一五〇 名公增修晉書詳節三十卷（宋）呂祖謙輯 宋刻本 上海圖書館

一五一 京本增修五代史詳節十卷（宋）呂祖謙輯 宋刻本 中國國家圖書館

一五二 輿地廣記三十八卷（宋）歐陽忞撰 宋刻遞修本（卷一至二配清抄本） 黄丕烈 顧廣圻跋 中國國家圖書館

一五三 新編方輿勝覽七十卷（宋）祝穆輯 祝洙增訂 宋咸淳三年吴堅 劉震孫刻本 俞誠跋 上海圖書館

一五四 ［紹定］吴郡志五十卷（宋）范成大纂修 汪泰亨等續修 宋紹定刻元修本（卷八 九十一 十四 十八 二十三至二十五 二十九 四十一至四十二 四十七爲全卷抄配

部分卷内尚有數量不等抄補） 中國國家圖書館

一五五 ［咸淳］臨安志一百卷（宋）潛説友纂修 宋咸淳臨安府刻本（卷七至十 十七至十九 三十三至三十四 四十至四十五 六十一至六十三 七十六至七十七 七十九 九十一至九十七配清抄本） 傅玉露 楊紹和跋 中國國家圖書館

存七十八卷 一至二十五 二十九至四十五 六十至六十三 六十五至八十九 九十一至九十七

一五六 ［咸淳］臨安志一百卷（宋）潛説友纂修 宋咸淳刻本（目録 卷一至二 五至十 十三至十九 三十二至五十 五十六至六十三 六十五至八十九 九十一至九十七配清鮑氏知不足齋抄本） 周廣業校並跋 沈烺校跋並題詩 丁丙跋 南京圖書館

存九十五卷 一至六十三 六十五至八十九 九十一至九十七

一五七 ［寶慶］四明志二十一卷（宋）胡榘修 羅濬纂 宋刻本 鄧邦述跋 中國國家圖書館

一五八 ［開慶］四明續志十二卷（宋）梅應發 劉錫纂修 宋開慶元年刻本 中國國家圖書館

南嶽總勝集三卷（宋）陳田夫撰　宋刻本　中國國家圖書館　一五九

水經注四十卷（北魏）酈道元撰　宋刻本　袁克文跋　中國國家圖書館
存十二卷五至八　十六至十九　三十四　三十八至四十　一六〇

大唐西域記十二卷（唐）釋玄奘譯　釋辯機撰　宋紹興二年王永從刻安吉州思溪法寶資福寺大藏本（卷一　六配日本抄本）　楊守敬跋　中國國家圖書館　一六一

大唐六典三十卷（唐）唐玄宗李隆基撰　李林甫等注　宋紹興四年溫州州學刻遞修本　王秉恩　沈曾植跋　中國國家圖書館　北京大學圖書館
由中國國家圖書館與北京大學圖書館配成十卷國圖　一至三　二十八至三十　北大　十二至十五　一六二

通典二百卷（唐）杜佑撰　宋刻宋元遞修本　中國國家圖書館
存二十三卷十一至十五　二十一至二十七　三十六至三十八　四十六至四十八　一百八十一至一百八十三　一百九十四至一百九十五　一六三

一六四　通典二百卷（唐）杜佑撰　宋刻宋元遞修本　北京大學圖書館

存八十八卷一至五　二十六至三十五　八十一至一百　一百十一至一百四十五　一百六十三至一百八十

一六五　通典二百卷（唐）杜佑撰　宋刻宋元遞修本　中國國家圖書館

存七卷七十九至八十　一百六至一百十　此外尚存有卷七十八之末葉

一六六　通典二百卷（唐）杜佑撰　宋刻元元統三年江浙等處儒學重修本　中國國家圖書館

存五卷目錄　十一至十五

一六七　通典二百卷（唐）杜佑撰　宋刻宋元遞修本　中國國家圖書館

存五卷一百九十一至一百九十三　一百九十八至一百九十九

一六八　新入諸儒議論杜氏通典詳節四十二卷圖譜一卷宋紹熙五年擇善堂刻本　中國國

家圖書館

存十九卷　一至十八　圖譜

西漢會要七十卷（宋）徐天麟撰　宋嘉定建寧郡齋刻元明遞修本　上海圖書館　一六九

東漢會要四十卷（宋）徐天麟撰　宋寶慶二年建寧郡齋刻本（卷三十六至四十配清抄本）　上海圖書館　一七〇

律十二卷音義一卷（宋）孫奭撰　宋刻宋元遞修本　錢泰吉　邵懿辰題識　顧廣圻過録阮元跋　中國國家圖書館　一七一

金石録三十卷（宋）趙明誠撰　宋淳熙龍舒郡齋刻本　張元濟　周良熙跋　中國國家圖書館　一七二

嘯堂集古録二卷（宋）王俅撰　宋刻本　干文傳　翁方綱　阮元　黃紹箕　朱文鈞跋　滕用亨題款　中國國家圖書館　一七三

唐鑑十二卷（宋）范祖禹撰　宋刻本　上海圖書館　一七四

東萊先生音注唐鑑二十四卷（宋）范祖禹撰　呂祖謙音注　宋刻元修本　劉啓瑞校並跋　中國國家圖書館　一七五

致堂讀史管見三十卷（宋）胡寅撰　南宋嘉定十一年衡陽郡齋刻本（卷五至六　九至十　十三至三十配元刻本）　中國國家圖書館　一七六
李侍郎經進六朝通鑑博議十卷（宋）李燾撰　南宋畢萬裔宅富學堂刻本　中國國家圖書館　一七七

子　部

荀子二十卷（唐）楊倞注　宋刻本　顧廣圻跋　中國國家圖書館　一七八
纂圖互注荀子二十卷（唐）楊倞注　宋刻元明遞修本　袁克文跋　中國國家圖書館　一七九
孔叢子七卷題（漢）孔鮒撰（宋）宋咸注　釋文一卷　宋刻本　上海圖書館　一八〇
新序十卷（漢）劉向撰　（宋）曾鞏校訂　宋刻本　錢謙益　黄丕烈　金錫爵跋　中國國家圖書館　一八一

一八二　說苑二十卷（漢）劉向撰　宋咸淳元年鎮江府學刻元明遞修本（卷八至十三配清道光三年黃氏士禮居抄本）　黃丕烈校並跋　顧廣圻跋　中國國家圖書館

一八三　纂圖分門類題五臣注揚子法言十卷（漢）揚雄撰　（晉）李軌（唐）柳宗元（宋）宋咸　吳祕　司馬光注　新增麗澤編次揚子事實品題一卷（宋）呂祖謙輯　新刊揚子門類題目一卷（宋）陳傅良輯　宋劉通判宅仰高堂刻本（司馬光序　宋咸上書表　卷三　十有抄配）　中國國家圖書館

一八四　中說十卷　題（隋）王通撰　（宋）阮逸注　宋刻本　葉奕　錢謙益跋　中國國家圖書館

一八五　張子語錄三卷後錄二卷　宋吳堅福建漕治刻本　中國國家圖書館

一八六　河南程氏遺書附錄一卷　宋刻本　中國國家圖書館

一八七　呂氏鄉約一卷鄉儀一卷（宋）呂大鈞撰　宋嘉定五年李大有刻本　中國國家圖書館

一八八　龜山先生語錄四卷後錄二卷（宋）楊時撰　宋吳堅福建漕治刻本　中國國家圖書館

一八九 袁氏世範三卷（宋）袁采撰　集事詩鑑一卷（宋）方昕撰　宋刻本　韓應陛跋並録　袁表　袁褧　袁廷檮題識　中國國家圖書館

一九〇 泳齋近思録衍注十四卷（宋）楊伯喦撰　宋刻本（卷四　十三　十四有抄配）　北京大學圖書館

一九一 晦庵先生語録大綱領十卷附録三卷　宋刻本　中國國家圖書館

一九二 諸儒鳴道七十二卷　宋刻端平二年閩川黄壯猷修補本（迂書一卷　理窟第五十一卷　二程語録第八至十九卷配有清抄本）　上海圖書館

一九三 麗澤論説集録十卷（宋）呂祖儉輯　宋嘉泰四年呂喬年刻本　中國國家圖書館

一九四 西山先生真文忠公讀書記甲集三十七卷乙集下二十二卷丁集二卷（宋）真德秀撰　宋開慶元年福州官刻元修本　中國國家圖書館

一九五 真文忠公政經一卷（宋）真德秀撰　宋刻本　中國國家圖書館

一九六 十一家注孫子三卷（漢）曹操（唐）杜牧等撰　十家注孫子遺説一卷（宋）鄭友賢撰　宋刻本　中國國

家圖書館

管子二十四卷（唐）房玄齡注　宋刻本　黄丕烈　戴望跋　中國國家圖書館　一九七

經史證類備急本草三十一卷（宋）唐慎微撰　宋嘉定四年劉甲刻本　中國國家圖書館　一九八

本草衍義二十卷（宋）寇宗奭撰　宋淳熙十二年江西轉運司刻慶元元年重修本　中國國家圖書館　一九九

傷寒明理論三卷方論一卷（金）成無己撰　宋刻本（明理論卷三　方論配清抄本）　中國國家圖書館　二〇〇

傷寒要旨一卷藥方一卷（宋）李檉撰　宋乾道七年姑孰郡齋刻本　黄丕烈跋　楊象濟題款　中國國家圖書館　二〇一

外臺秘要方四十卷（唐）王燾撰　宋紹興兩浙東路茶鹽司刻本（配明抄本　清抄本）　中國國家圖書館　二〇二

存三十六卷　一至二十　二十四至三十二　三十四至四十

洪氏集驗方五卷（宋）洪遵輯　宋乾道六年姑孰郡齋刻公文紙印本　黄丕烈　顧廣圻跋　中國國家圖書館　二〇三

三因極一病證方論十八卷（宋）陳言撰　宋刻本（缺葉配元刻本）　北京大學圖書館　二〇四

醫説十卷（宋）張杲撰　宋刻本　黄丕烈　丁丙跋　南京圖書館　二〇五

新刊仁齋直指方論二十六卷小兒方論五卷醫脉真經一卷傷寒類書活人總括七卷（宋）楊士瀛撰　宋景定元年至五年環溪書院刻本　上海圖書館　二〇六

劉涓子鬼遺方五卷（南朝齊）龔慶宣撰　宋刻本　中國國家圖書館　二〇七

衛生家寶産科備要八卷（宋）朱端章輯　宋淳熙十一年南康郡齋刻本　黄丕烈　瞿中溶跋　錢大昕題款　中國國家圖書館　二〇八

周髀算經二卷題（漢）趙君卿注　（北周）甄鸞重述　（唐）李淳風等注釋　音義一卷（宋）李籍撰　宋刻本　上海圖書館　二〇九

九章算經九卷（魏）劉徽注　（唐）李淳風等注釋　宋刻本　上海圖書館
存五卷一至五　二一〇

二一一　**孫子算經三卷**（唐）李淳風等注釋　宋嘉定六年鮑澣之刻本　上海圖書館

二一二　**張丘建算經三卷**（北周）甄鸞注　（唐）李淳風等注釋　劉孝孫細草　宋刻本　顧廣圻跋　上海圖書館

二一三　**太玄經十卷**（漢）揚雄撰　（晉）范望（宋）司馬光等注　宋刻本　中國國家圖書館

存一卷六上

二一四　**元包經傳五卷**（北周）衛元嵩撰　（唐）蘇源明傳　李江注　**元包數總義二卷**（宋）張行成撰　宋紹興三十一年張洸刻本　陳乃乾跋　上海圖書館

二一五　**景祐乾象新書三十卷**（宋）楊惟德等撰　北宋元豐元年司天監秦孝先　蘇宗亮　徐欽鄰等抄本　邵淵耀　錢天樹　許廷吉　錢泳　張步瀛　張爾旦　李兆洛　孫鋆跋　蔣因培題詩　黃廷鑑　王家相　高世異　易順鼎　程淯等題款　中國國家圖書館

存十二卷三至六　十二至十三　十六至十九　二十七至二十八

二一六 洪範政鑑十二卷（宋）宋仁宗趙禎撰　宋淳熙十三年内府寫本　傅增湘　邵章跋　中國國家圖書館

二一七 六甲天元氣運鈐二卷　宋刻本　中國國家圖書館

二一八 三曆撮要一卷　宋刻本　錢大昕　孫星衍跋　瞿中溶題款　中國國家圖書館

二一九 邵子觀物内篇二卷外篇二卷後錄二卷漁樵問對一卷（宋）邵雍撰　宋咸淳福建漕治吳堅刻本　上海圖書館

二二〇 蘭亭續考二卷（宋）俞松輯　宋淳祐刻本（卷二配勞健抄本）　勞健跋　中國國家圖書館

二二一 書苑菁華二十卷（宋）陳思輯　宋刻本　中國國家圖書館

二二二 圖畫見聞志六卷（宋）郭若虛撰　宋刻本（卷一至三配元抄本）　黃丕烈跋　中國國家圖書館

二二三 畫繼十卷（宋）鄧椿撰　五代名畫補遺一卷（宋）劉道醇撰　宋臨安府陳道人書籍鋪刻本　遼寧省圖書館

二二二四　梅花喜神譜二卷（宋）宋伯仁繪並輯　宋景定二年刻本　黃丕烈跋並題詩　錢大昕 孫星衍 洪亮吉 包世臣 戴光曾 齊學裘 潘曾瑩 吳郁生 冒廣生跋　吳讓之 張敦仁 吳錫麒 鈕樹玉 戴延介 李堯棟 周鑾詒題款　朱孝臧 馮幵 鄧邦述 吳梅 夏敬觀題詞　王季烈題詩　上海博物館

二二二五　忘憂清樂集一卷（宋）李逸民編　宋刻本　黃丕烈跋　中國國家圖書館

二二二六　漢官儀三卷（宋）劉攽撰　宋紹興九年臨安府刻本　中國國家圖書館

二二二七　酒經三卷（宋）朱肱撰　宋刻本　錢謙益跋　中國國家圖書館

二二二八　論衡三十卷（漢）王充撰　宋乾道三年紹興府刻宋元明遞修本　錢謙益批點　黃丕烈跋　葉昌熾題款　中國國家圖書館

二二二九　劉子十卷題（北齊）劉晝撰　（唐）袁孝政注　宋刻本（卷一至二配明刻本）　孫星衍 黃丕烈跋　上海圖書館

二二三〇　化書六卷（五代）譚峭撰　宋刻本　康綸鈞題款　中國國家圖書館

二二三一　聱隅子歔欷瑣微論二卷（宋）黃晞撰　宋刻本　嚴元照 丁丙跋　南京圖書館

二三三二　清波雜志十二卷　（宋）周煇撰　宋刻本　中國國家圖書館

二三三三　容齋續筆十六卷　（宋）洪邁撰　宋嘉定五年章貢郡齋刻本　中國國家圖書館

二三三四　賓退錄十卷　（宋）趙與旹撰　宋臨安睦親坊陳宅經籍鋪刻本　張雯題款　中國國家圖書館

二三三五　衍約説十三卷　宋刻本　伊秉綬　宋葆淳　阮元跋　謝蘭生　許乃濟　王玉璋等題款　中國國家圖書館

二三三六　東觀餘論二卷　（宋）黄伯思撰　宋嘉定三年莊夏刻本　豐道生　項元汴　惠兆仁跋　上海圖書館

二三三七　程氏演蕃露十六卷　（宋）程大昌撰　宋刻本　中國國家圖書館
存十卷　一至十

二三三八　甲申雜記一卷聞見近錄一卷　（宋）王鞏撰　宋刻本　盛昱　樊增祥跋　中國國家圖書館

二三三九　重雕改正湘山野錄三卷續錄一卷　（宋）釋文瑩撰　宋刻本（卷下　續錄配元抄本）　黄丕烈　喬松年　繆荃孫跋　中國國家圖書館

二四〇 揮麈前録四卷後録十一卷第三録三卷餘話二卷（宋）王明清撰 宋龍山書堂刻本 中國國家圖書館

二四一 桯史十五卷（宋）岳珂撰 宋刻元明遞修公文紙印本（有抄配） 北京大學圖書館

二四二 愧郯録十五卷（宋）岳珂撰 宋刻本 中國國家圖書館

二四三 長短經九卷（唐）趙蕤撰 南宋初年杭州淨戒院刻本 上海圖書館

二四四 雲仙散録一卷 題（唐）馮贄輯 宋開禧刻公文紙印本 徐渭仁 丁丙跋 南京圖書館

二四五 皇朝仕學規範四十卷（宋）張鎡輯 宋刻本 中國國家圖書館

二四六 自警編五卷（宋）趙善璙撰 宋端平元年九江郡齋刻本 翁方綱題款 遼寧省圖書館

二四七 山海經十八卷（晉）郭璞注 宋淳熙七年池陽郡齋刻本 中國國家圖書館

續幽怪錄四卷（唐）李復言編　宋臨安府太廟前尹家書籍鋪刻本　黃丕烈跋　中國國家圖書館　二四八

重雕足本鑑誡錄十卷（後蜀）何光遠撰　宋刻本　上海圖書館　二四九

藝文類聚一百卷（唐）歐陽詢輯　宋刻本（序目　卷一至四　四十九至五十三　五十四第二至十一葉　五十五第一葉配明嘉靖六至七年胡纘宗　陸采刻本）　上海圖書館　二五〇

補注蒙求八卷（唐）李翰撰　（宋）徐子光補注　宋刻本　喬松年跋　上海圖書館　二五一

事類賦三十卷（宋）吳淑撰並注　宋紹興十六年兩浙東路茶鹽司刻本　中國國家圖書館　二五二

太學新增合壁聯珠聲律萬卷菁華前集六十卷（宋）李昭玘輯　後集八十卷（宋）李似之輯　宋刻本　山東省圖書館　中國國家圖書館　二五三

由山東省圖書館與中國國家圖書館配成一百十七卷

山圖　前集全　後集一至四十三　五十六至六十八　國圖　七十七

二五四　帝王經世圖譜十卷（宋）唐仲友撰　宋嘉泰元年金式　趙善鐻刻本　中國國家圖書館

存八卷一至八

二五五　錦繡萬花谷前集四十卷後集四十卷別集三十卷宋刻本　中國國家圖書館

存六十九卷前集一至八　十一至十九　二十一至二十五　二十九　三十一至三十三　三十五至四十　後集二至三十七　別集二十四

二五六　錦繡萬花谷續集四十卷宋刻本　中國國家圖書館

二五七　記纂淵海一百九十五卷（宋）潘自牧輯　宋刻本（卷一至十四　十六至十八　五十五至六十　八十三至八十七　一百八十四至一百八十五　一百八十九至一百九十一配清影宋抄本）　中國國家圖書館

二五八　重添校正蜀本書林事類韻會一百卷宋刻本　嚴可均跋　中國國家圖書館

存二十七卷三至四　五十至五十一　五十三至五十四　五十九至六十一　八十至九十四　九十八至一百

二五九 古今合璧事類備要前集六十九卷後集八十一卷續集五十六卷（宋）謝維新輯　別集九十四卷外集六十六卷（宋）虞載輯　宋刻本（前集卷一　十七至十九　二十一　四十一至四十二　五十三至五十五　別集二十七至三十　四十五至四十六　外集四十四配明抄本）中國國家圖書館

二六〇 古今合璧事類備要增集十二卷（宋）謝維新輯　宋刻本　上海圖書館

二六一 誠齋四六發遣膏馥十卷題（宋）楊萬里撰　周公恕輯　宋余卓刻本　遼寧省圖書館

二六二 十二先生詩宗集韻二十卷（宋）裴良甫輯　宋刻本　中國國家圖書館

二六三 婚禮新編二十卷（宋）丁昇之輯　宋刻元修本　中國國家圖書館

二六四 金剛般若波羅蜜經一卷（後秦）釋鳩摩羅什譯　唐懿宗咸通九年王玠刻本　英國國家圖書館

二六五 五燈會元二十卷（宋）釋普濟撰　宋刻本　勞健題款　中國國家圖書館

大藏經綱目指要錄八卷（宋）釋惟白撰　宋刻本　中國國家圖書館　二六六

老子道德經古本集注直解二卷（宋）范應元集注　宋刻本　繆荃孫　沈曾植　楊守敬　鄧邦述　章鈺　王闓運跋　中國國家圖書館　二六七

南華真經十卷（晉）郭象注　南宋初刻本　中國國家圖書館　二六八

莊子鬳齋口義十卷（宋）林希逸撰　**釋音一卷**　宋刻本　中國國家圖書館　二六九

冲虛至德真經八卷（晉）張湛注　宋刻宋元遞修本（缺葉配清初毛氏汲古閣影宋抄本）　黄丕烈　汪駿昌　葉昌熾跋　中國國家圖書館　二七〇

通玄真經十二卷（唐）徐靈府注　宋刻本（卷十二配影宋抄本）　中國國家圖書館　二七一

抱朴子内篇二十卷（晉）葛洪撰　宋紹興二十二年臨安府榮六郎家刻本（卷十一至十二　卷十七第八葉　卷十八第一葉半葉　卷十九第二葉係補抄）　遼寧省圖書館　二七二

華陽隱居真誥一卷（南朝梁）陶弘景撰　宋葛長庚寫本　上海圖書館　二七三

新雕洞靈真經五卷　題（宋）何粲注　宋刻本（卷五第二至七葉係抄補）　中國國家圖書館　二七四

太上洞玄靈寶無量度人上品妙經一卷 宋張即之寫本　故宮博物院圖書館　二七五

集部

楚辭集注八卷辯證二卷後語六卷（宋）朱熹撰　宋端平刻本　中國國家圖書館　二七六

楚辭集注八卷辯證二卷（宋）朱熹撰　反離騷一卷（漢）揚雄撰　宋嘉定六年章貢郡齋刻本（卷一至二配清影宋抄本）　楊訥庵圈點批校　中國國家圖書館　二七七

離騷集傳一卷（宋）錢杲之撰　宋刻本　朱承爵　費念慈　邵松年題款　黄丕烈　孫延跋　中國國家圖書館　二七八

離騷草木疏四卷（宋）吳仁傑撰　宋慶元六年羅田縣庠刻本　中國國家圖書館　二七九

二八〇 曹子建文集十卷（魏）曹植撰　宋刻本　上海圖書館

二八一 陸士龍文集十卷（晉）陸雲撰　宋慶元六年華亭縣學刻本　項元汴跋　中國國家圖書館

二八二 陶靖節先生集十卷（晉）陶潛撰 年譜一卷（宋）吳仁傑撰　南宋刻遞修本　中國國家圖書館
存四卷　一至四

二八三 陶淵明集十卷（晉）陶潛撰　宋刻遞修本　金俊明　孫延題簽　汪駿昌跋　中國國家圖書館

二八四 陶淵明詩一卷雜文一卷（晉）陶潛撰　南宋紹熙三年曾集刻本　中國國家圖書館

二八五 陶靖節先生詩注四卷補注一卷（晉）陶潛撰　（宋）湯漢注　宋淳祐元年湯漢刻本　周春　顧自修　黄丕烈跋　孫延題簽　中國國家圖書館

二八六 駱賓王文集十卷（唐）駱賓王撰　宋刻本（卷六至十配毛氏汲古閣影宋抄本）　黄丕烈　顧廣圻跋　中國國家圖書館

杜審言詩集一卷（唐）杜審言撰　宋刻本　中國國家圖書館　二八七

常建詩集二卷（唐）常建撰　宋刻本　中國國家圖書館　二八八

王摩詰文集十卷（唐）王維撰　宋刻本　袁褧題款　顧廣圻跋　中國國家圖書館　二八九

劉文房集十卷（唐）劉長卿撰　宋刻本　中國國家圖書館　二九〇

存六卷五至十

孟浩然詩集三卷（唐）孟浩然撰　宋刻本　黄丕烈跋　中國國家圖書館　二九一

寒山子詩集一卷（唐）釋寒山子撰　豐干拾得詩一卷（唐）釋豐干　拾得撰　宋刻本　中國國家圖書館　二九二

李太白文集三十卷（唐）李白撰　宋刻本（卷十五至二十四配清康熙五十六年繆曰芑刻本）　中國國家圖書館　二九三

韋蘇州集十卷拾遺一卷（唐）韋應物撰　宋刻本　袁克文跋　中國國家圖書館　二九四

二九五　**韋蘇州集十卷拾遺一卷**（唐）韋應物撰　宋乾道七年平江府學刻遞修本　中國國家圖書館

二九六　**岑嘉州詩八卷**（唐）岑參撰　宋刻本　中國國家圖書館
存四卷　一至四

二九七　**分門集注杜工部詩二十五卷**（唐）杜甫撰（宋）王洙　趙次公等注　**年譜一卷**（宋）呂大防　蔡興宗　魯訔撰　宋刻本　中國國家圖書館

二九八　**杜工部集二十卷補遺一卷**（唐）杜甫撰　宋刻本（上海圖書館藏此本由兩種宋刻本配補而成　缺卷缺葉爲毛氏抄補）　毛扆跋　上海圖書館
存八卷　刻本一　卷一第三至五葉　十七至二十（卷十九缺第一至二葉）　補遺第一至六葉　刻本二　十至十二

二九九　**杜工部草堂詩箋五十卷**（唐）杜甫撰（宋）蔡夢弼箋注　宋刻本（卷一至三配清影宋抄本）　中國國家圖書館　北京大學圖書館
由中國國家圖書館與北京大學圖書館配成四十八卷

三〇〇 皇甫冉詩集二卷（唐）皇甫冉撰　宋刻本　中國國家圖書館

國圖　一至十九　二十二至三十五　三十九至四十四　四十八至五十　北大　三十六至三十八　四十五至四十七

三〇一 陸宣公文集二十二卷（唐）陸贄撰　宋刻本（目録第一葉上　第四葉下　卷十一至十二抄配）中國國家圖書館

存十二卷　一至十二

三〇二 王建詩集十卷（唐）王建撰　宋臨安府陳解元宅刻本（卷二至三　六至十配清抄本）　繆荃孫校跋並倩人補録佚詩　陳乃乾跋　上海圖書館　中國國家圖書館

由上海圖書館與中國國家圖書館配全　國圖　陳乃乾跋　目録第一　二　五至六葉　卷一第一至五葉　卷四第一至八葉　卷五第三至六葉　卷十後補録　其餘均用上圖藏本

三〇三 李長吉文集四卷（唐）李賀撰　宋刻本　中國國家圖書館

三〇四 昌黎先生集四十卷外集十卷遺文一卷（唐）韓愈撰（宋）廖瑩中校正　朱子校

三〇五 昌黎先生集傳一卷 宋咸淳廖氏世綵堂刻本 中國國家圖書館

新刊經進詳注昌黎先生文四十卷外集十卷遺文三卷 （唐）韓愈撰 （宋）文讜注 王儔補注 韓文公志三卷 宋刻本（卷十二至十八配另一無注宋刻本） 中國國家圖書館

三〇六 音注韓文公文集四十卷外集十二卷 （唐）韓愈撰 （宋）祝充音注 宋刻本 中國國家圖書館

三〇七 昌黎先生文集四十卷外集十卷 （唐）韓愈撰 宋刻本（卷五至七 十七至二十四 外集卷一至十配清抄本） 山西省祁縣圖書館

三〇八 昌黎先生集考異十卷 （宋）朱熹撰 宋紹定二年張洽池州刻本 中國國家圖書館

三〇九 晦庵朱侍講先生韓文考異十卷 （宋）朱熹撰 宋刻本（卷一至二配清抄本） 王莱跋 南京圖書館

三一〇 新刊五百家注音辯昌黎先生文集四十卷外集十卷 （唐）韓愈撰 （宋）魏仲舉輯注 序傳碑記一卷韓文類譜十卷 （宋）魏仲舉輯 宋慶元六年魏仲舉家塾刻本（卷三至四 六至七 十

五至十七　二十等配清抄本）　王棻　丁丙跋　南京圖書館

三一一

河東先生集四十五卷外集二卷（唐）柳宗元撰　（宋）廖瑩中校正　宋咸淳廖氏世綵堂刻本（卷三至五　十配影宋刻本）　朱彝尊跋　中國國家圖書館

三一二

五百家注音辯唐柳先生文集四十五卷（唐）柳宗元撰　（宋）童宗説音注　韓醇等注釋　魏仲舉輯　宋刻本　黄丕烈跋並題詩　中國國家圖書館

存十一卷十六至二十一　三十七至四十一

三一三

劉夢得文集三十卷（唐）劉禹錫撰　宋刻本　中國國家圖書館

存四卷一至四

三一四

新刊元微之文集六十卷（唐）元稹撰　宋刻本　傅增湘跋　中國國家圖書館

存二十五卷　一至十四　三十　五十一至六十

孟東野詩集十卷（唐）孟郊撰　宋刻本　黄丕烈　傅增湘跋　北京大學圖書館　三一五

孟東野文集十卷（唐）孟郊撰　宋刻本　黄丕烈　傅增湘　勞健跋　中國國家圖書館　三一六

存五卷　目録　一至五

張文昌文集八卷（唐）張籍撰　宋刻本　中國國家圖書館　三一七

存四卷　一至四

白氏文集七十一卷（唐）白居易撰　宋刻本（卷三十一至三十三配明影宋抄本）　中國國家圖書館　三一八

新刊權載之文集五十卷（唐）權德輿撰　宋刻本　中國國家圖書館　三一九

存十九卷　一至八　二十一至三十一

三三一〇 皇甫持正文集六卷（唐）皇甫湜撰　宋刻本　中國國家圖書館

三三一一 姚少監詩集十卷（唐）姚合撰　宋刻本　黄丕烈跋　中國國家圖書館
存五卷 一至五

三三一二 周賀詩集一卷（唐）周賀撰　宋臨安府陳宅書籍鋪刻本　王穉登題簽　何焯跋　中國國家圖書館

三三一三 張承吉文集十卷（唐）張祜撰　宋刻本　中國國家圖書館

三三一四 朱慶餘詩集一卷（唐）朱慶餘撰　宋臨安府陳宅經籍鋪刻本　季振宜題款　黄丕烈　瞿中溶跋　中國國家圖書館

三三一五 許用晦文集二卷遺篇一卷拾遺一卷（唐）許渾撰　宋刻本　中國國家圖書館

三三一六 丁卯集二卷（唐）許渾撰　宋刻本　上海圖書館

三三一七 會昌一品制集二十卷（唐）李德裕撰　宋刻本（缺葉配明抄本）　上海圖書館

存十卷 一至十

孫可之文集十卷（唐）孫樵撰　宋刻本　中國國家圖書館　三一八

司空表聖文集十卷（唐）司空圖撰　宋刻本　中國國家圖書館　三一九

唐女郎魚玄機詩一卷（唐）魚玄機撰　宋臨安府陳宅書籍鋪刻本　黄丕烈　顧蒓　潘奕雋跋並題詩　曹貞秀　吳嘉泰　瞿中溶　戴延介　孫延　董國華　袁廷檮　徐雲路　夏文燾　釋達真　女道士韻香　陳文述　石韞玉　徐渭仁題詩　李福　歸懋儀題詞　朱承爵　沈寀　王芑孫　潘遵祁　盛昱題款　中國國家圖書館　三二〇

甲乙集十卷（唐）羅隱撰　宋臨安府陳宅經籍鋪刻本　黄丕烈跋　中國國家圖書館　三二一

鄭守愚文集三卷（唐）鄭谷撰　宋刻本　中國國家圖書館　三二二

杜荀鶴文集三卷（唐）杜荀鶴撰　宋刻本　上海圖書館　三二三

唐求詩集一卷（唐）唐求撰　宋刻本　季振宜題款　顧蒓題簽　黄丕烈跋　中國國家圖書館　三二四

三三五　李丞相詩集二卷（南唐）李建勳撰　宋臨安府陳宅書籍鋪刻本　中國國家圖書館

三三六　乖崖先生文集十二卷（宋）張詠撰　附錄一卷　宋咸淳五年伊賡崇陽縣齋刻本（卷七至十二　附錄配明賜書樓抄本）　黄丕烈抄補並跋　中國國家圖書館

三三七　王黄州小畜集三十卷（宋）王禹偁撰　宋紹興十七年黄州刻遞修本（卷一至十一　十七　二十五至三十配清呂無黨吾研齋抄本）　黄丕烈跋　中國國家圖書館

三三八　鉅鹿東觀集十卷（宋）魏野撰　宋紹定元年嚴陵郡齋刻本（卷四至六配明抄本）　黄丕烈跋　中國國家圖書館

三三九　范文正公文集二十卷（宋）范仲淹撰　北宋刻本（卷一配抄本）　中國國家圖書館

三四〇　莆陽居士蔡公文集三十六卷（宋）蔡襄撰　宋刻本（序目　卷一至六　二十五至三十六配清抄本）　朱錫庚跋　中國國家圖書館

三四一　慶元府雪竇明覺大師祖英集二卷（宋）釋重顯撰　瀑泉集一卷（宋）釋允誠輯　雪竇顯和尚明覺大師頌古集一卷（宋）釋遠塵輯　雪竇

和尚拈古集一卷　宋刻本　中國國家圖書館

古靈先生文集二十五卷（宋）陳襄撰　年譜一卷（宋）陳曄撰　附錄一卷　宋紹興三十一年陳輝刻本　上海圖書館　三四二

溫國文正公文集八十卷（宋）司馬光撰　宋刻本（卷一至四　七十七至八十配明弘治十八年盧雍抄本）　盧雍　黃丕烈跋　錢大昕題款　中國國家圖書館　三四三

趙清獻公文集十六卷（宋）趙抃撰　宋景定元年陳仁玉刻元明遞修本　中國國家圖書館　三四四

曾南豐先生文粹十卷（宋）曾鞏撰　宋刻本　中國國家圖書館　三四五

宛陵先生文集六十卷（宋）梅堯臣撰　宋紹興十年汪伯彥刻嘉定遞修本　上海圖書館　三四六
存三十卷　十三至十八　三十七至六十

歐陽文忠公集一百五十三卷（宋）歐陽修撰　年譜一卷　附錄五卷　三四七

宋慶元二年周必大刻本（卷三至六　三十八至四十四　六十一至六十三　九十五　一百三十四至一百四十三配明抄本）　中國國家圖書館

三四八　元公周先生濂溪集十二卷年表一卷（宋）周敦頤撰　宋刻本　中國國家圖書館

三四九　無爲集十五卷（宋）楊傑撰　宋紹興十三年趙士㣧無爲軍刻遞修本　中國國家圖書館

三五〇　樂全先生文集四十卷（宋）張方平撰　宋刻本　中國國家圖書館

存十八卷十七至三十四

三五一　嘉祐集十五卷（宋）蘇洵撰　宋刻本　黄丕烈　喬松年跋　上海圖書館

三五二　東萊標注老泉先生文集十二卷（宋）蘇洵撰　吕祖謙注　宋紹熙四年吴炎刻本　中國國家圖書館

三五三　臨川先生文集一百卷目録二卷（宋）王安石撰　宋紹興二十一年兩浙西路轉運司王珏刻元明遞修本　中國國家圖書館

三五四　施顧注東坡先生詩四十二卷（宋）蘇軾撰　施元之　顧禧　施宿注　宋嘉定六年刻景定三年修補本　上海圖書館

存三十二卷三至四 十一至十八 二十一至四十二

三五五 注東坡先生詩四十二卷（宋）蘇軾撰 施元之 顧禧 施宿注 宋嘉泰淮東倉司刻本 中國國家圖書館

存六卷十一至十二 二十五至二十六 四十一至四十二

三五六 東坡集四十卷（宋）蘇軾撰 宋刻本（卷三配明抄本） 韓應陛跋 中國國家圖書館

存三十卷一至二十四 三十三 三十五至三十九

三五七 東坡集四十卷後集二十卷（宋）蘇軾撰 宋刻本 中國國家圖書館

存十九卷六至十五 後集一至三 五至十

三五八 王狀元集百家注分類東坡先生詩二十五卷（宋）蘇軾撰 題（宋）王十朋纂集 東坡紀年錄一卷（宋）傅藻撰 宋建安黃善夫家塾刻本（卷一至四 九至十二配另一印本） 中國國家圖書館

三五九 欒城集五十卷後集二十四卷（宋）蘇轍撰　宋刻遞修本　中國國家圖書館
存二十一卷三十三至四十　後集九至二十一

三六〇 類編增廣黄先生大全文集五十卷（宋）黄庭堅撰　宋乾道麻沙鎮水南劉仲吉宅刻本（卷十三至十八配抄本）　沈廷芳　黄丕烈跋　北京大學圖書館
存四十四卷一至十二　十九至五十

三六一 山谷詩注二十卷（宋）黄庭堅撰　任淵注　宋紹定五年黄埒刻本　中國國家圖書館
由中國國家圖書館所藏兩部殘本配成五卷四至五　十五至十七

三六二 後山居士文集二十卷（宋）陳師道撰　宋刻本　翁方綱題字並題詩　中國國家圖書館

三六三 後山詩注六卷（宋）陳師道撰　任淵注　宋刻本　周叔弢跋　中國國家圖書館

存四殘卷三下至六下

淮海集四十卷後集六卷長短句三卷（宋）秦觀撰　宋乾道九年高郵軍學刻紹熙三年謝雩重修本（缺葉缺字清初毛氏汲古閣影宋抄補）　中國國家圖書館　三六四

參寥子詩集十二卷（宋）釋道潛撰　釋法穎輯　宋刻本　黄丕烈跋　勒方錡等題款　中國國家圖書館　三六五

寶晉山林集拾遺八卷（宋）米芾撰　宋嘉泰元年筠陽郡齋刻本　豐坊跋　中國國家圖書館　三六六

青山集三十卷（宋）郭祥正撰　宋刻本　中國國家圖書館　三六七

倚松老人詩集二卷（宋）饒節撰　宋慶元五年黄汝嘉刻宋重修本　袁克文題詩並跋　李盛鐸傅增湘跋　上海圖書館　三六八

存一卷卷二第十葉下半至四十八葉

唐先生文集二十卷（宋）唐庚撰　宋刻本　中國國家圖書館　三六九

三七〇
梁溪先生文集一百八十卷（宋）李綱撰　宋刻本　李枚　黃丕烈跋　徐康題識　上海圖書館
存三十七卷　十三至十四　四十一至五十二　六十二至七十　九十一至九十五　九十七至九十八　一百　一百四十八　一百五十三至一百五十四　一百六十一至一百六十三

三七一
孫尚書大全文集五十七卷（宋）孫覿撰　宋刻本　黃丕烈跋　張祥河題款　中國國家圖書館
存三十二卷　六　十五至十九　二十三至二十四　二十九至三十五　四十　四十二至五十七

三七二
李學士新注孫尚書內簡尺牘十六卷（宋）孫覿撰　李祖堯注　宋蔡氏家塾刻本　上海圖書館

三七三
東萊先生詩集二十卷外集三卷（宋）呂本中撰　宋慶元五年黃汝嘉刻江西詩派本　中國國家圖書館
存六卷　十八至二十　外集全

三七四
橫浦先生文集二十卷（宋）張九成撰　家傳一卷（宋）張榕撰　施先生孟子發題一卷（宋）施德操撰　宋刻本　中國國家圖書館

三七五　新刊嵩山居士文全集五十四卷（宋）晁公遡撰　宋乾道四年嘉州刻本　上海圖書館

存四十二卷五至二十五　三十至三十二　三十七至五十四　目錄

三七六　侍郎葛公歸愚集二十卷（宋）葛立方撰　宋刻本　上海圖書館

存九卷五至十三

三七七　于湖居士文集四十卷（宋）張孝祥撰　附錄一卷　清影宋抄本　中國國家圖書館

三七八　晦庵先生文集一百卷目錄二卷（宋）朱熹撰　宋刻本　中國國家圖書館

三七九　晦庵先生朱文公文集一百卷目錄二卷續集十一卷別集十卷（宋）朱熹撰　宋咸淳元年建安書院刻宋元明遞修本（有抄配　有缺葉）　北京大學圖書館

三八〇　東萊呂太史文集十五卷別集十六卷外集五卷（宋）呂祖謙撰

麗澤論説集録十卷（宋）呂祖儉輯 附録三卷附録拾遺一卷 宋嘉泰四年呂喬年刻元明遞修本 中國國家圖書館

三八一 會稽三賦一卷（宋）王十朋撰 周世則 史鑄注 宋刻元修本 顧廣圻抄補 黄丕烈跋 中國國家圖書館

三八二 頤堂先生文集五卷（宋）王灼撰 宋乾道八年王撫幹宅刻本（目録及附録配影宋抄本） 丁丙跋 南京圖書館

三八三 攻媿先生文集一百二十卷目録五卷（宋）樓鑰撰 宋四明樓氏家刻本 北京大學圖書館

存一百八卷 一至四 八至二十五 三十至三十七 四十一至七十六 八十至九十三 九十八至一百二十 目録全

三八四 義豐文集一卷（宋）王阮撰 宋淳祐三年王旦刻本 李盛鐸 傅增湘跋 中國國家圖書館

三八五 盤洲文集八十卷（宋）洪适撰 宋刻本 中國國家圖書館

三八六 誠齋先生江湖集十四卷荆溪集十四卷西歸集四卷南海

集八卷江西道院集五卷朝天續集八卷退休集十四卷（宋）楊萬里撰　宋淳熙紹熙遞刻本　中國國家圖書館

存六十四卷西歸集一至三　退休集一至三　六至十四　其餘全

三八七　新刊劍南詩稿二十卷（宋）陸游撰　宋淳熙十四年嚴州郡齋刻本　中國國家圖書館

存十卷一至四　八至十　十四至十六

三八八　放翁先生劍南詩稿六十七卷目錄□卷（宋）陸游撰　宋刻本　黃丕烈跋並題詩　李放跋　中國國家圖書館

存十五卷四十二至四十四　五十八至六十二　目錄一至二　四至八

三八九　渭南文集五十卷（宋）陸游撰　宋嘉定十三年陸子遹溧陽學宮刻本　黃丕烈跋　張祖翼　繆荃孫題款　中國國家圖書館

存四十六卷一至二　五至十　十三至五十

三九〇 重校鶴山先生大全文集一百十卷目錄二卷（宋）魏了翁撰　宋開慶元年刻本　錢大昕　黄丕烈跋
中國國家圖書館
存九十四卷　目錄全　一至十七　二十至三十四　三十九至四十二　四十七至四十九　五十四至七十四　七十八至一百七　一百九至一百十

三九一 梅亭先生四六標準四十卷（宋）李劉撰　宋刻本　中國國家圖書館

三九二 友林乙稿一卷（宋）史彌寧撰　宋嘉定刻本　顧蒓題簽　袁克文　李盛鐸跋　高世異　徐森玉等題款
中國國家圖書館

三九三 後村居士集五十卷目錄二卷（宋）劉克莊撰　宋刻本　中國國家圖書館

三九四 後村先生大全詩集十五卷（宋）劉克莊撰　宋刻本　黄丕烈　孫原湘　邵淵耀　姚畹真　錢天樹　王芑孫　單學傅跋　上海圖書館
存十一卷　一至四　九至十五

三九五 棠湖詩稿一卷（宋）岳珂撰　宋臨安府棚北大街陳宅書籍鋪刻本　錢儀吉　錢駿祥　鄧邦述　傅增湘跋
天津圖書館

三九六 北磵文集十卷（宋）釋居簡撰　宋崔尚書宅刻本　中國國家圖書館　存八卷一至八

三九七 芸居乙稿一卷（宋）陳起撰　清初毛氏汲古閣影宋抄本　中國國家圖書館

三九八 亞愚江浙紀行集句詩七卷（宋）釋紹嵩撰　清初毛氏汲古閣影宋抄本　中國國家圖書館

三九九 無文印二十卷語錄四卷讚一卷偈頌一卷題跋一卷（宋）釋道璨撰　釋惟康輯　宋咸淳九年刻本（卷十二至二十　語錄　讚　偈頌　題跋係補抄）　遼寧省圖書館

四〇〇 四家四六四卷宋刻本　中國國家圖書館

壺山先生四六一卷

臞軒先生四六一卷（宋）王邁撰

後村先生四六一卷（宋）劉克莊撰

巽齋先生四六一卷（宋）歐陽守道撰

四〇一 文選六十卷（南朝梁）蕭統輯 （唐）李善注 北宋刻遞修本 勞健跋 中國國家圖書館
存二十一卷 十七至十九 三十至三十一 三十六至三十八 四十六至四十七 四十九至五十八 六十

四〇二 文選六十卷（南朝梁）蕭統輯 （唐）李善注 宋淳熙八年池陽郡齋刻本 丁鈞跋 中國國家圖書館

四〇三 文選六十卷（南朝梁）蕭統輯 （唐）李善 呂延濟 劉良 張銑 呂向 李周翰注 宋刻本 丁鈞跋 中國國家圖書館

四〇四 文選雙字類要三卷 題（宋）蘇易簡撰 宋淳熙八年池陽郡齋刻紹熙三年重修本 上海圖書館
存二卷 上下

四〇五 文苑英華一千卷（宋）李昉等輯 宋嘉泰元年至四年周必大刻本 中國國家圖書館
存一百三十卷 二百三十一至二百四十 二百五十一至二百六十 二百九十一至三百 六百一至七百

四〇六 文苑英華纂要八十四卷（宋）高似孫輯 宋刻元修本 蔡同瑞跋 中國國家圖書館

存八十三卷　一至七十　七十二至八十四

古文苑九卷　宋刻本　中國國家圖書館　四〇七

古文苑二十卷末一卷　（宋）章樵注　宋端平三年常州軍刻淳祐六年盛如杞重修本　中國國家圖書館　四〇八

樂府詩集一百卷目錄二卷　（宋）郭茂倩輯　宋刻本（卷十九至二十六　九十六至一百配元至正元年集慶路儒學刻本　卷二十七至三十四配清抄本）　傅增湘跋　中國國家圖書館　四〇九

古今絶句三卷　（宋）吴説輯　宋刻本（卷中配清抄本）　中國國家圖書館　四一〇

增注東萊呂成公古文關鍵二十卷　（宋）呂祖謙輯　蔡文子注　宋刻本　中國國家圖書館　四一一

續增歷代奏議麗澤集文十卷附關鍵增廣麗澤集文一卷　宋刻本（卷二影宋抄配）　中國國家圖書館　四一二

新刻諸儒批點古文集成前集七十八卷（宋）王霆震輯　宋刻本（甲集卷六　乙集卷一　丁集卷九配清抄本）（四庫底本）　沈曾植跋　中國國家圖書館　存七十六卷　甲集六卷　乙集八卷　丙集七卷　丁集九卷　戊集八卷　己集八卷俱全　庚集一至六　辛集七卷　壬集八卷　癸集九卷俱全

四一三

應氏類編西漢文章十八卷　宋刻本　朱錫庚跋　中國國家圖書館

四一四

文粹一百卷（宋）姚鉉輯　宋紹興九年臨安府刻本　顧廣圻抄補　中國國家圖書館

四一五

河岳英靈集二卷（唐）殷璠輯　宋刻本　莫友芝校　中國國家圖書館

四一六

才調集十卷（後蜀）韋縠輯　宋臨安府陳宅書籍鋪刻本（卷一　卷二第一　七　十四至十七　十九至二十二十四後半葉　卷四第十一至十九葉　卷六至十配清抄本）　上海圖書館

四一七

唐僧弘秀集十卷（宋）李龏輯　宋刻本　黄丕烈　袁克文　李盛鐸跋　北京大學圖書館　存八卷　一至八

四一八

四一九 王荆公唐百家詩選二十卷（宋）王安石輯 宋刻本 上海圖書館

存九卷 一至九

四二〇 聖宋文選全集三十二卷 宋刻本（卷一至二十二 二十七至三十二配清影宋抄本） 丁丙跋 南京圖書館

四二一 新刊國朝二百家名賢文粹三百卷 宋慶元三年書隱齋刻本 中國國家圖書館

存一百九十七卷 一至一百九十七 卷數俱經後人剜改

四二二 新刊國朝二百家名賢文粹三百卷 宋慶元三年書隱齋刻本 上海圖書館

存十二卷 二百五至二百七 二百八祇存一葉半 二百七十二至二百七十七 二百八十五 二百八十六不全

四二三 新刊國朝二百家名賢文粹三百卷 宋慶元三年書隱齋刻本 北京大學圖書館

存六卷 一百三十五至一百四十 各卷皆有殘缺

皇朝文鑑一百五十卷目錄三卷（宋）呂祖謙輯　宋嘉泰四年新安郡齋刻本（序　目錄下　卷一至三　二十八　四十八至六十八　七十五至七十七　一百五至一百三十五　一百四十二至一百五十配清張蓉鏡抄本）　邵淵耀　錢天樹　方若蘅跋　孫雲鴻　程恩澤　徐康題款　中國國家圖書館　四二四

皇朝文鑑一百五十卷目錄三卷（宋）呂祖謙輯　宋麻沙劉將仕宅刻本（有抄配及明刻本配補）　北京大學圖書館　四二五

聖宋名賢五百家播芳大全文粹□□卷目錄□□卷（宋）魏齊賢　葉棻輯　宋刻本　中國國家圖書館　四二六

存一百七卷（文粹一百卷　目錄七卷）

崑山雜詠三卷（宋）龔昱輯　宋開禧三年崑山縣齋刻本　中國國家圖書館　四二七

竇氏聯珠集五卷（唐）竇常等撰　宋淳熙五年王崧刻本　錢謙益題簽　何焯批校　中國國家圖書館　四二八

三蘇先生文粹七十卷（宋）蘇洵　蘇軾　蘇轍撰　宋婺州吳宅桂堂刻王宅桂堂修補印本　中國國家圖書館　四二九

四三〇 重廣眉山三蘇先生文集八十卷（宋）蘇洵　蘇軾　蘇轍撰　宋紹興三十年饒州德興縣銀山莊溪董應夢集古堂刻本　北京大學圖書館
存六十九卷　一至四　十五至二十二　二十四至八十

四三一 東萊標注三蘇文集五十九卷（宋）蘇洵　蘇軾　蘇轍撰　呂祖謙輯　宋刻本　中國國家圖書館
存五十一卷　老泉先生文集十一卷全　東坡先生文集一至二十五　潁濱先生文集一至十五

四三二 雲莊四六餘話一卷（宋）楊囦道撰　宋刻本　中國國家圖書館

四三三 韻語陽秋二十卷（宋）葛立方撰　宋刻本　上海圖書館

四三四 漁隱叢話前集六十卷（宋）胡仔輯　宋刻本（卷一至十四配明抄本）　中國國家圖書館
存四十五卷　一至四十五

四三五 苕溪漁隱叢話後集四十卷（宋）胡仔輯　宋刻本　北京大學圖書館

存三十八卷 一至二 五至四十

四三六 東山詞二卷 （宋）賀鑄撰 宋刻本 中國國家圖書館

存一卷上

四三七 詳注周美成詞片玉集十卷 （宋）周邦彦撰 陳元龍集注 宋刻本 李盛鐸跋 朱孝臧校並跋 中國國家圖書館

四三八 蘆川詞二卷 （宋）張元幹撰 宋刻本 黄丕烈跋 中國國家圖書館

四三九 花間集十卷 （後蜀）趙崇祚輯 宋刻遞修公文紙印本 楊保彝題款 中國國家圖書館

四四〇 花間集十卷 （後蜀）趙崇祚輯 宋紹興十八年建康郡齋刻本 中國國家圖書館

四四一 中興以來絶妙詞選十卷 （宋）黄昇輯 宋淳祐九年劉誠甫刻本 中國國家圖書館

叢書

百川學海一百種一百七十九卷

(宋)左圭編　宋刻本(序目 聖門事業圖 學齋佔畢 前定錄 續前定錄 選詩句圖 許彥周詩話 庚溪詩話 竹坡老人詩話 寶章待訪錄 書譜配一九二七年陶氏涉園印本)　中國國家圖書館　四四一

聖門事業圖一卷　(宋)李元綱撰
漁樵對問一卷　(宋)邵雍撰
學齋佔畢四卷　(宋)史繩祖撰
獨斷二卷　(漢)蔡邕撰
李涪刊誤二卷　(唐)李涪撰
九經韻補一卷　(宋)楊呫撰
中華古今注三卷　(後唐)馬縞撰
釋常談三卷
隋遺錄二卷　(唐)顔師古撰
翰林志一卷　(唐)李肇撰

宋朝燕翼詒謀録五卷　（宋）王栐撰
春明退朝録三卷　（宋）宋敏求撰
淳熙玉堂雜紀三卷　（宋）周必大撰
揮麈録二卷　題（宋）楊萬里撰
丁晉公談録一卷
王文正公筆録一卷　（宋）王曾撰
開天傳信記一卷　（唐）鄭棨撰
厚德録四卷　（宋）李元綱撰
韓忠獻公遺事一卷　（宋）強至撰
文正王公遺事一卷　（宋）王素撰
濟南先生師友談記一卷　（宋）李廌撰
可談一卷　（宋）朱彧撰
河東先生龍城録二卷　題（唐）柳宗元撰
前定録一卷續前定録一卷　（唐）鍾輅撰
國老談苑二卷　（宋）王君玉撰
晁氏客語一卷　（宋）晁説之撰
道山清話一卷
書簾緒論一卷　（宋）胡太初撰

官箴一卷　（宋）呂本中撰
袪疑説一卷　（宋）儲泳撰

因論一卷　（唐）劉禹錫撰
宋景文公筆記三卷　（宋）宋祁撰

鼠璞一卷　（宋）戴埴撰
善誘文一卷　（宋）陳録撰

東坡先生志林集一卷　（宋）蘇軾撰
螢雪叢説二卷　（宋）俞成撰

蘇黄門龍川略志十卷　（宋）蘇轍撰
西疇老人常言一卷　（宋）何坦撰

欒城先生遺言一卷　（宋）蘇籀撰
東谷所見一卷　（宋）李之彦撰

雞肋一卷　（宋）趙崇絢撰
孫公談圃三卷　（宋）孫升述　劉延世撰

王公四六話二卷　（宋）王銍撰
四六談塵一卷　（宋）謝伋撰

文房四友除授集一卷
耕禄稿一卷　（宋）胡錡撰

子略四卷目一卷　（宋）高似孫撰
騷略三卷　（宋）高似孫撰
獻醜集一卷　（宋）許棐撰
選詩句圖一卷　（宋）高似孫撰
石林詩話三卷　（宋）葉夢得撰
六一居士詩話一卷　（宋）歐陽修撰
東萊呂紫微詩話一卷　（宋）呂本中撰
珊瑚鈎詩話三卷　（宋）張表臣撰
劉攽貢父詩話一卷　（宋）劉攽撰
後山居士詩話一卷　（宋）陳師道撰
許彦周詩話一卷　（宋）許顗撰
司馬溫公詩話一卷　（宋）司馬光撰
庚溪詩話二卷　（宋）陳巖肖撰
竹坡老人詩話三卷　（宋）周紫芝撰
法帖釋文十卷　（宋）劉次莊撰
海岳名言一卷　（宋）米芾撰
寶章待訪録一卷　（宋）米芾撰
米元章書史一卷　（宋）米芾撰

書斷列傳三卷雜編一卷　（唐）張懷瓘撰
續書譜一卷　（宋）姜夔撰
歐陽文忠公試筆一卷　（宋）歐陽修撰
書譜一卷　（唐）孫過庭撰
法帖刊誤二卷　（宋）黄伯思撰
高宗皇帝御製翰墨志一卷　（宋）宋高宗趙構撰
法帖譜系二卷　（宋）曹士冕撰
端溪硯譜一卷
硯譜一卷
歙州硯譜一卷歙硯説一卷辨歙石説一卷
硯史一卷　（宋）米芾撰
古今刀劍録一卷　（南朝梁）陶弘景撰
香譜二卷　（宋）洪芻撰
茶經三卷　（唐）陸羽撰
煎茶水記一卷　（唐）張又新撰
茶録一卷　（宋）蔡襄撰
東溪試茶録一卷　（宋）宋子安撰
酒譜一卷　（宋）竇苹撰

本心齋疏食譜一卷　（宋）陳達叟撰
笋譜二卷　（宋）釋贊寧撰
菌譜二卷　（宋）陳仁玉撰
蟹譜二卷　（宋）傅肱撰
荔枝譜一卷　（宋）蔡襄撰
橘錄三卷　（宋）韓彥直撰
南方草木狀三卷　（晉）嵇含撰
竹譜一卷　（晉）戴凱之撰
菊譜一卷　（宋）劉蒙撰
菊譜一卷　（宋）范成大撰
菊譜一卷　（宋）史正志撰
梅譜一卷　（宋）范成大撰
洛陽牡丹記一卷　（宋）歐陽修撰
牡丹榮辱志一卷　（宋）丘璿撰
揚州芍藥譜一卷　（宋）王觀撰
海棠譜三卷　（宋）陳思撰
師曠禽經一卷　（晉）張華注
名山洞天福地記一卷　（前蜀）杜光庭撰

金元編

經部

十三經注疏三百五十三卷 元刻明修本 北京市文物局 四四三

周易兼義九卷 （魏）王弼（晉）韓康伯注 （唐）孔穎達疏 音義一卷 （唐）陸德明撰 略例一卷 （魏）王弼撰 （唐）邢璹注

附釋音尚書注疏二十卷 題（漢）孔安國傳 （唐）孔穎達疏 陸德明音義

附釋音毛詩注疏二十卷 （漢）毛亨傳 鄭玄箋 （唐）孔穎達疏 陸德明音義

附釋音周禮注疏四十二卷 （漢）鄭玄注 （唐）賈公彥疏 陸德明音義

儀禮十七卷儀禮圖十七卷旁通圖一卷 （宋）楊復撰

附釋音禮記注疏六十三卷 （漢）鄭玄注 （唐）孔穎達疏 陸德明音義
附釋音春秋左傳注疏六十卷 （晉）杜預注 （唐）孔穎達疏 陸德明音義
監本附音春秋公羊注疏二十八卷 （漢）何休注 （唐）徐彦疏 陸德明音義
監本附音春秋穀梁注疏二十卷 （晉）范寧集解 （唐）楊士勛疏 陸德明音義
孝經注疏九卷 （唐）唐玄宗李隆基注 （宋）邢昺疏
論語注疏解經二十卷 （魏）何晏集解 （宋）邢昺疏
孟子注疏解經十四卷 （漢）趙岐注 題（宋）孫奭疏
爾雅注疏十一卷 （晉）郭璞注 （宋）邢昺疏

四四四

周易九卷（魏）王弼（晉）韓康伯注 （唐）陸德明釋文 **略例一卷**（魏）王弼撰 （唐）邢璹注 元相臺岳氏荊溪家塾刻本 中國國家圖書館

四四五

伊川程先生周易經傳十卷上下篇義一卷（宋）程頤撰 元刻本 中國國家圖書館

四四六

晦庵朱文公易説二十三卷（宋）朱熹撰 朱鑑輯 元刻本 中國國家圖書館

四四七

周易程朱傳義音訓十卷（宋）程頤 朱熹撰 呂祖謙音訓 **易圖一卷**（宋）朱熹撰 元至正六年虞氏務本堂刻本 傅增湘跋 中國國家圖書館

周易程朱先生傳義附錄二十卷（宋）董楷撰　程子上下篇義一卷（宋）程頤撰　朱子易圖説一卷周易五贊一卷筮儀一卷（宋）朱熹撰　董楷輯　元延祐二年圓沙書院刻本　中國國家圖書館　四四八

程朱二先生周易傳義十卷（宋）程頤　朱熹撰　易圖集錄一卷（宋）朱熹撰　元後至元二年碧灣書堂刻本（卷六至十配元刻呂祖謙音訓本）　中國國家圖書館　四四九

東谷鄭先生易翼傳二卷（宋）鄭汝諧撰　元大德十一年廬陵學官刻本　中國國家圖書館　存一卷下　四五〇

易學啓蒙通釋二卷圖一卷（宋）胡方平撰　元刻明修本　中國國家圖書館　四五一

周易象義十二卷（宋）丁易東撰　元刻本　季錫疇校　中國國家圖書館　四五二

周易本義啓蒙翼傳四卷（元）胡一桂撰　元刻本　上海圖書館　四五三

易纂言外翼十二卷（元）吴澄撰　元刻本　中國國家圖書館　四五四

周易繫辭述二卷（元）保八撰　元刻本　中國國家圖書館　四五五

周易本義集成十二卷（元）熊良輔撰　元刻明修本　中國國家圖書館　四五六

學易記九卷（元）李簡撰　元刻本　中國國家圖書館　遼寧省圖書館　由遼寧省圖書館與中國國家圖書館配全（遼圖　一至四上　國圖　四下至九）　四五七

周易經傳集程朱解附録纂注十四卷朱子易圖附録纂注一卷朱子啓蒙五贊附録纂注一卷朱子筮儀附録纂注一卷（元）董真卿撰　元刻本　中國國家圖書館　四五八

四五九 周易經義三卷（元）涂溍生撰　元刻本　吴翌鳳跋　中國國家圖書館

四六〇 周易鄭康成注一卷（宋）王應麟撰　元後至元六年慶元路儒學刻元明遞修本　中國國家圖書館

四六一 魁本大字詳音句讀周易二卷　元至正十二年梅隱書堂刻本　中國國家圖書館

四六二 尚書注疏二十卷　題（漢）孔安國傳　（唐）孔穎達疏　陸德明釋文　新雕尚書纂圖一卷　蒙古刻本（卷三至六配清影蒙古抄本）　中國國家圖書館

四六三 書集傳六卷（宋）蔡沈撰　（元）鄒季友音釋　元至正十一年德星書堂刻本　中國國家圖書館

四六四 書集傳十二卷或問二卷（宋）陳大猷撰　元刻本　中國國家圖書館

四六五 書集傳輯錄纂注六卷又一卷朱子説書綱領輯錄一卷（元）董鼎撰　元延祐五年建安余氏勤有堂刻本　王元亮點校　中國國家圖書館

四六六 朱子訂定蔡氏書集傳六卷（元）董鼎輯録纂注　元刻本　山東省博物館
存五卷二至六

四六七 尚書通考十卷（元）黃鎮成撰　元至正刻本　沈祥龍跋　中國國家圖書館

四六八 書義矜式六卷（元）王充耘撰　元刻本　南京圖書館

四六九 直音傍訓尚書句解十三卷（元）朱祖義撰 元敏德書堂刻本　考證一卷經解本磨滅

補一卷（日本）小林辰撰　稿本　中國國家圖書館

四七〇 詩外傳十卷（漢）韓嬰撰　元至正十五年嘉興路儒學刻明修本　黃丕烈校並跋　顧廣圻　瞿中溶　傅增湘跋　中國國家圖書館

四七一 韓魯齊三家詩考六卷（宋）王應麟撰　元刻本　中國國家圖書館

四七二 詩考一卷（宋）王應麟撰　元後至元六年慶元路儒學刻元明遞修本　中國國家圖書館

四七三　詩地理考六卷（宋）王應麟撰　元後至元六年慶元路儒學刻元明遞修本　中國國家圖書館

四七四　附釋音毛詩注疏二十卷（漢）毛萇 鄭玄（唐）孔穎達撰　（唐）陸德明音義　元刻明修本　中國國家圖書館

四七五　詩集傳十卷（宋）朱熹撰　元刻本　中國國家圖書館

四七六　詩童子問二十卷（宋）輔廣撰　元至正三年建安余志安勤有堂刻本　上海圖書館

四七七　詩集傳名物抄音釋纂輯二十卷（元）羅復撰　元至正十一年余氏雙桂書堂刻本　中國國家圖書館

四七八　詩集傳附錄纂疏二十卷詩序附錄纂疏一卷詩傳綱領附錄纂疏一卷（元）胡一桂撰　語錄輯要一卷（元）胡一桂輯　元泰定四年建安劉氏翠巖精舍刻本　中國國家圖書館

四七九　詩集傳通釋二十卷綱領一卷外綱領一卷（元）劉瑾撰　元至正十二年建安劉氏日新書堂刻本　中國國家圖書館

四八〇 明經題斷詩義矜式十卷（元）林泉生撰　元刻本　中國國家圖書館

四八一 詩經疑問七卷（元）朱倬撰　附編一卷（元）趙德撰　元至正七年建安書林劉錦文日新書堂刻本　中國國家圖書館

四八二 直音傍訓毛詩句解二十卷（元）李公凱撰　元刻本　中國國家圖書館

四八三 詩經旁注四卷　元刻本　上海圖書館

四八四 詩經旁注四卷　元羅祖禹刻本　上海圖書館

四八五 魁本大字詳音句讀毛詩六卷　元刻本　中國國家圖書館
存三卷　四至六

四八六 詳音句讀明本大字毛詩四卷　元至正二十七年盱南孫氏刻本　中國國家圖書館

四八七 周禮十二卷（漢）鄭玄注　釋音一卷（唐）陸德明釋文　金刻本　中國國家圖書館

儀禮集説十七卷（元）敖繼公撰　元大德刻明修本　中國國家圖書館　四八八

大戴禮記十三卷（漢）戴德撰　（北周）盧辯注　元至正十四年嘉興路儒學刻本　嵇承謙校並跋　俞樾跋　中國國家圖書館　四八九

踐阼篇集解一卷（宋）王應麟撰　元後至元六年慶元路儒學刻明初修本　中國國家圖書館　四九〇

禮書一百五十卷（宋）陳祥道撰　元至正七年福州路儒學刻明修本　中國國家圖書館　四九一

禮記纂言三十六卷（元）吳澄撰　元元統二年吳尚等刻本（首葉　目次葉　卷二配清抄本）　上海圖書館　四九二

禮記集説十六卷（元）陳澔撰　元天曆元年建安鄭明德宅刻本　中國國家圖書館　四九三
存十四卷一至六　九至十六

文公家禮集注十卷（宋）楊復　劉垓孫撰　元刻本　查慎行跋　中國國家圖書館　四九四

五服圖解一卷（元）龔端禮撰　元泰定元年杭州路儒學刻本　黄丕烈跋　中國國家圖書館　四九五

春秋經傳集解三十卷（晉）杜預撰（唐）陸德明釋文　春秋名號歸一圖二卷（後蜀）馮繼先撰　年表一卷　元相臺岳氏荊溪家塾刻本（卷十九至二十配明刻本）　周叔弢跋　中國國家圖書館　四九六

音注全文春秋括例始末左傳句讀直解七十卷（宋）林堯叟撰　元刻明修本　中國國家圖書館　四九七

精選東萊先生左氏博議句解十六卷（宋）呂祖謙撰　元刻本　中國國家圖書館　四九八

春秋諸傳會通二十四卷（元）李廉撰　元至正十一年虞氏明復齋刻本　中國國家圖書館　四九九

春秋諸傳會通二十四卷（元）李廉撰　元至正十一年虞氏明復齋刻本　中國國家圖書館　五〇〇

增入音注括例始末胡文定公春秋傳三十卷（宋）胡安國撰　林堯叟音注　元刻本　山東省博物館　五〇一

春秋纂言十二卷總例七卷（元）吴澄撰　元刻本　中國國家圖書館　五〇二

春秋諸國統紀六卷目録一卷（元）齊履謙撰　元延祐刻本　遼寧省圖書館　五〇三

五〇四 春秋師説三卷附錄二卷（元）趙汸撰　元至正二十四年休寧商山義塾刻明弘治六年高忠重修本　中國國家圖書館

五〇五 春秋屬辭十五卷（元）趙汸撰　元至正二十四年休寧商山義塾刻明弘治六年高忠重修本　中國國家圖書館

五〇六 春秋師説三卷附錄二卷春秋屬辭十五卷春秋左氏傳補注十卷（元）趙汸撰　元至正二十年至二十四年休寧商山義塾刻明弘治六年高忠重修本　韓應陛跋　上海圖書館

五〇七 春秋胡氏傳纂疏三十卷（元）汪克寬撰　元至正八年劉叔簡日新堂刻本　中國國家圖書館

五〇八 孝經一卷（唐）唐玄宗李隆基注　陸德明音　元相臺岳氏荆溪家塾刻本　中國國家圖書館

五〇九 孝經注疏九卷（唐）唐玄宗李隆基注　（宋）邢昺疏　元泰定三年刻本　中國國家圖書館

五一〇 論語集解十卷（魏）何晏撰　（唐）陸德明釋文　元相臺岳氏荆溪家塾刻本　中國國家圖書館

五一一 四書章句集注三十卷（宋）朱熹撰　元刻本　魏校批　袁克文跋　上海圖書館

四書章句集注十九卷（宋）朱熹撰　元至正二十二年武林沈氏尚德堂刻本　山東省博物館　五一二

大學章句一卷或問二卷
中庸章句一卷或問二卷
論語集注十卷
孟子集注十四卷

讀四書叢説八卷（元）許謙撰　元刻本　黄丕烈跋　中國國家圖書館　五一三

大學章句或問一卷
中庸章句或問一卷
論語集注十卷
孟子集注七卷

四書通證六卷（元）張存中撰　元刻本　中國國家圖書館　五一四

四書經疑問對八卷（元）董彝撰　元至正十一年建安同文堂刻本　吳騫跋　中國國家圖書館　五一五

魁本大字詳音句讀孟子二卷　元羅氏刻本　中國國家圖書館　五一六

樂書二百卷目錄二十卷（宋）陳暘撰　元至正七年福州路儒學刻明修本　柯逢時跋　中國國家圖書館　五一七

九經直音十五卷（宋）孫奕撰　元刻本　莫友芝　葉昌熾跋　中國國家圖書館　五一八

新編十一經問對五卷（元）何異孫撰　元刻本　李文田跋　北京大學圖書館　五一九

爾雅三卷（晉）郭璞注　元雪窗書院刻本　臧庸校　陳焯　翁同書跋　中國國家圖書館　五二〇

爾雅三卷（晉）郭璞注　音釋三卷　元刻本（音釋卷下配清影元抄本）　中國國家圖書館　五二一

爾雅三卷（宋）鄭樵注　元刻本　中國國家圖書館　五二二

說文解字韻譜五卷（南唐）徐鍇撰　元延祐三年種善堂刻本　陸深抄補並跋　陳錫端跋　中國國家圖書館　五二三

大廣益會玉篇三十卷（南朝梁）顧野王撰　（唐）孫強增字（宋）陳彭年等重修　玉篇廣韻指南一卷　元延祐二年圓沙書院刻本　中國國家圖書館　五二四

復古編二卷（宋）張有撰　元至正六年吴志淳好古齋刻本　楊哲　周叔弢跋　中國國家圖書館　五二五

新修絫音引證群籍玉篇三十卷（金）邢準撰　金刻本　中國國家圖書館　五二六

存二十九卷　一至二十　二十二至三十

六書統二十卷（元）楊桓撰　元至大元年江浙行省儒學刻元明遞修本　中國國家圖書館　五二七

六書統溯原十三卷（元）楊桓撰　元至大元年江浙行省儒學刻元明遞修本　中國國家圖書館　五二八

書學正韻三十六卷（元）楊桓撰　元刻明修本　中國國家圖書館　五二九

説文字原一卷（元）周伯琦撰　元至正十五年高德基等刻公文紙印本　中國國家圖書館　五三〇

六書正譌五卷（元）周伯琦撰　元至正十五年高德基等刻本　上海圖書館　五三一

漢隸分韻七卷　元刻本　吴騫跋　中國國家圖書館　五三二

史部

廣韻五卷 元泰定二年圓沙書院刻本 楊守敬跋 北京大學圖書館 五三三

廣韻五卷 元刻本 楊守敬 袁克文跋 中國國家圖書館 五三四

韻補五卷 (宋)吴棫撰 元刻本 沈曾植跋 中國國家圖書館 五三五

增修互注禮部韻略五卷 (宋)毛晃增注 毛居正校勘重增 元至正十五年日新書堂刻明修本 上海圖書館 五三六

魁本足注釋疑韻寶五卷 元刻本 上海圖書館 五三七

古今韻會舉要三十卷禮部韻略七音三十六母通考一卷 (宋)黄公紹輯 (元)熊忠舉要 元刻本 中國國家圖書館 五三八

史記一百三十卷（漢）司馬遷撰　（南朝宋）裴駰集解　（唐）司馬貞索隱　蒙古中統二年平陽段子成刻明修本（卷三十至四十三配明刻本）　袁克文跋　中國國家圖書館　五三九

史記一百三十卷（漢）司馬遷撰　（南朝宋）裴駰集解　（唐）司馬貞索隱　張守節正義　元至元二十五年彭寅翁崇道精舍刻本（卷一百十七至一百二十二配蒙古中統二年段子成刻本）　中國國家圖書館　五四〇

漢書一百卷（漢）班固撰　（唐）顏師古集注　元大德九年太平路儒學刻明成化正德遞修本　中國國家圖書館　五四一

後漢書九十卷（南朝宋）范曄撰　（唐）李賢注　**志三十卷**（晉）司馬彪撰　（南朝梁）劉昭注補　元大德九年寧國路儒學刻明成化遞修本　中國國家圖書館　五四二

三國志六十五卷（晉）陳壽撰　（南朝宋）裴松之注　元大德十年池州路儒學刻本　中國國家圖書館　上海圖書館　五四三

由中國國家圖書館與上海圖書館配成六卷　國圖　十五至十九　上圖　四十三

北史一百卷（唐）李延壽撰　元大德信州路儒學刻明嘉靖元年修補本　中國國家圖書館　五四四

五代史記七十四卷（宋）歐陽修撰　徐無黨注　元宗文書院刻明修本　中國國家圖書館　五四五

宋史四百九十六卷（元）脱脱等撰　元至正六年江浙等處行中書省刻本　中國國家圖書館　五四六

存一百二十七卷　十九至二十二　四十三至四十四　五十一　五十三至五十四　六十四至六十七　七十五至七十六　八十四至八十六　九十五　一百三至一百四　一百十至一百十二　一百二十一至一百二十三　一百二十六至一百二十七　一百三十七至一百四十四　一百四十七至一百五十一百五十三至一百五十六　一百六十　一百七十　一百七十三至一百七十五　一百七十七至一百七十八　一百八十一至一百八十五　二百十五至二百十七　二百二十一至二百二十二　二百三十六　二百三十九　二百六十三至二百六十四　二百六十七　二百六十九至二百七十　二百七十三至二百七十四　二百七十七至二百七十九　二百九十一至二百九十二　三百一至三百二　三百五至三百八　三百十一至三百十二　三百十九至三百二十　三百三十三至三百三十四　三百三十七至三百三十八　三百四十至三百四十三　三百四十八至三百四十九　三百五十二至三百五十三　三百五十八至三百五十九　三百八十九至三百九十　三百九十二至三百九十三　三百九十九至四百四　四百九至四百十一　四百二十九至四百三十　四百四十一至四百四十五　四百五十至四百五十三　四百六十一至四百六十二　四百九十五

金史一百三十五卷目錄二卷（元）脱脱等撰　元至正五年江浙等處行中書省刻本　中國國家圖書館　五四七

存五十四卷 目錄 三 二十四至二十五 二十七 三十五至三十六 三十九至四十六 四十九至五十五十二至五十三 五十五至五十七 七十二 七十五至七十六 七十九至八十 八十二至八十四 九十三至九十七 一百一至一百三 一百八 一百十至一百十一 一百十三至一百十五 一百二十一至一百二十四 一百二十八至一百二十九 一百三十一 一百三十四至一百三十五

五四八 資治通鑑二百九十四卷目錄三十卷 (宋)司馬光撰 元至元二十六年至二十八年魏天祐刻本 中國國家圖書館

存七十一卷 七至八 七十四至八十一 八十四 九十至九十二 一百十五至一百十六 一百二十 一百二十二 一百二十六至一百二十八 一百三十二至一百三十三 一百四十五至一百四十七 一百六十至一百六十三 一百六十五 一百六十九 一百七十二至一百七十四 一百八十至一百八十一 一百八十七至一百九十七 二百二十一 二百二十五至二百二十七 二百四十至二百四十二 二百四十六至二百四十八 二百五十一 二百五十四至二百五十五 二百六十四至二百六十六 二百七十八至二百八十 二百八十三 目錄十至十二

五四九 通鑑釋文辯誤十二卷 (元)胡三省撰 元刻本 中國國家圖書館

五五〇 重新校正集注附音資治通鑑外紀四卷 (宋)劉恕撰 元刻本 中國國家圖書館

五五一 少微家塾點校附音通鑑節要五十六卷 (宋)江贄撰 元至治元年趙氏鍾秀家塾刻本 山東省博物館

資治通鑑綱目五十九卷（宋）朱熹撰　元至元二十四年詹光祖月崖書堂刻本　中國國家圖書館　五五二
增節標目音注精議資治通鑑一百二十卷題（宋）呂祖謙輯　蒙古憲宗三年至五年平陽張宅晦明軒刻本（卷二十五至二十九　六十二至六十五　八十一至八十五　九十一至九十五　一百三至一百五配宋刻本）　中國國家圖書館　五五三
通志二百卷（宋）鄭樵撰　元大德三山郡庠刻元明遞修弘治公文紙印本　中國國家圖書館　五五四
蜀漢本末三卷（元）趙居信撰　元至正十一年建寧路建安書院刻本　中國國家圖書館　五五五
續資治通鑑前集十八卷題（宋）李燾撰　後集十五卷（宋）劉時舉撰　元雲衢張氏刻本　中國國家圖書館　五五六
續資治通鑑十五卷（宋）劉時舉撰　元陳氏餘慶堂刻本　上海圖書館　五五七
續資治通鑑十八卷題（宋）李燾撰　元陳氏餘慶堂刻本　中國國家圖書館　五五八
存十二卷一至十二

五五九 通鑑答問五卷（宋）王應麟撰　元後至元六年慶元路儒學刻元明遞修本　中國國家圖書館

五六〇 通鑑總類二十卷（宋）沈樞輯　元至正二十三年吳郡庠刻本　中國國家圖書館

五六一 宋季三朝政要六卷　元皇慶元年陳氏餘慶堂刻本　趙烈文　費念慈　鄧邦述跋　上海圖書館

五六二 宋季三朝政要六卷　元至治三年張氏刻本　中國國家圖書館

五六三 宋史全文續資治通鑑三十六卷宋季朝事實二卷　元刻本（進續資治通鑑長編表第一至三葉　卷三上半葉　卷五第二十四至二十五葉　卷六第一葉　卷八第一葉　卷十第二十葉　卷十二第四十二葉　卷十三第一葉　卷十四第一上葉　卷十五第十七下至十八葉　卷十六第一至二上葉　卷十八第五十五葉　卷十九第一葉　卷二十第一上葉　卷二十一第六十下葉　卷二十四第一至十二葉）　復旦大學圖書館　中國國家圖書館

由復旦大學圖書館與中國國家圖書館配全（二十六第五十一葉　二十七第一葉　三十第一至三葉　三十一第二十五至二十六葉　三十二第一至三上　二十七葉　三十三第二十四至二十六葉　三十四第一至四上葉　三十五第二十二下葉　三十六第一上葉　宋季朝事實少帝第十九下　二十葉　其餘均用復旦藏本）

汲冢周書十卷（晉）孔晁注　元至正十四年嘉興路儒學刻本　王振聲跋　中國國家圖書館　五六四

周書王會補注一卷（宋）王應麟撰　元後至元六年慶元路儒學刻明初修本　中國國家圖書館　五六五

戰國策十卷（宋）鮑彪校注　（元）吴師道重校　元至正二十五年平江路儒學刻明修本　中國國家圖書館　五六六

吴越春秋十卷（漢）趙曄撰　（元）徐天祜音注　元大德十年紹興路儒學刻明修本　中國國家圖書館　五六七

契丹國志二十七卷（宋）葉隆禮撰　元刻本　黄丕烈跋　中國國家圖書館　五六八

兩漢詔令二十三卷（宋）林虙　樓昉輯　元至正九年蘇天爵刻明修本（西漢卷二配清抄本）　上海圖書館　五六九

注陸宣公奏議十五卷（唐）陸贄撰　（宋）郎曄注　元至正十四年劉氏翠巖精舍刻本　楊紹和跋　中國國家圖書館　五七〇

翠微先生北征錄十二卷（宋）華岳撰　元抄本　顧廣圻跋　中國國家圖書館　五七一

運使復齋郭公言行錄一卷（元）徐東撰　**敏行錄一卷**　元至順刻本　中國國家圖書館　五七二

皇朝名臣續碑傳琬琰録十六卷（宋）杜大珪輯　元刻本　鮑廷博跋並過録　孫星衍　徐渭仁題跋　鮑正言題記　楊氏楓江書屋藏書　五七三

孔氏祖庭廣記十二卷（金）孔元措撰　蒙古乃馬真后元年孔氏刻本　錢大昕　瞿中溶　黄丕烈　邵淵耀跋　孫星衍　吴翌鳳題款　中國國家圖書館　五七四

［至正］金陵新志十五卷（元）張鉉纂修　元至正四年集慶路儒學溧陽州學溧水州學刻本　中國國家圖書館　五七五

幽蘭居士東京夢華録十卷（宋）孟元老撰　元刻本（有抄配）　中國國家圖書館　五七六

茅山志十五卷（元）劉大彬撰　元刻本（卷三至七配明刻本　卷十至十二　十四至十五配清劉履芬抄本）　吴騫　章鈺跋　中國國家圖書館　五七七

三輔黄圖六卷　元致和元年余氏勤有堂刻本　中國國家圖書館　五七八

牧民忠告二卷經進風憲忠告一卷廟堂忠告一卷（元）張養浩撰　元刻本　郭尚先跋　中國國家圖書館　五七九

新入諸儒議論杜氏通典詳節四十二卷　元至元二十三年刻本　北京大學圖書館　五八〇

存四十卷 一至三十一 三十四至四十二

五八一 文獻通考三百四十八卷 (元)馬端臨撰 元泰定元年西湖書院刻本 中國國家圖書館

五八二 故唐律疏議三十卷 (唐)長孫無忌等撰 纂例十二卷 (元)王元亮撰 元余志安勤有堂刻本 中國國家圖書館

五八三 至大重修宣和博古圖録三十卷 (宋)王黼等撰 元刻本 上海博物館

五八四 十七史纂古今通要十七卷 (元)胡一桂撰 史纂通要後集三卷 (元)董鼎撰 元刻本 中國國家圖書館

五八五 新增音義釋文古今歷代十八史略二卷 (元)曾先之輯 元刻本(有抄配) 北京大學圖書館

五八六 漢藝文志考證十卷 (宋)王應麟撰 元後至元六年慶元路儒學刻元明遞修本 中國國家圖書館

五八七 通鑑地理通釋十四卷 (宋)王應麟撰 元後至元六年慶元路儒學刻元明遞修本 中國國家圖書館

漢制考四卷（宋）王應麟撰　元後至元六年慶元路儒學刻元明遞修本　中國國家圖書館　五八八

子部

新編孔子家語句解十卷　元至正二十七年清泉劉祥卿家刻本　中國國家圖書館　五八九

校正劉向説苑二十卷（漢）劉向撰　元大德七年雲謙刻本　上海圖書館　五九〇

周子通書訓義一卷（元）保八撰　元刻本　中國國家圖書館　五九一

近思錄集解十四卷（宋）朱熹　呂祖謙撰　葉采集解　元刻明修本（有抄配）　中國國家圖書館　五九二

小學書三卷　元刻本　上海圖書館　五九三

小學書之綱領一卷　（宋）朱熹撰

小學書圖一卷　（宋）何士信輯

文公小學書集成一卷

五九四　類編標注文公先生經濟文衡前集二十五卷後集二十五卷續集二十二卷（宋）滕珙輯　元泰定元年梅溪書院刻本　清華大學圖書館

五九五　朱子成書十卷（宋）朱熹撰　（元）黄瑞節附録　元至正元年日新書堂刻本　中國國家圖書館

五九六　潛室陳先生木鍾集十一卷（宋）陳埴撰　元建安吴氏友于堂刻本（有抄配）上海圖書館

五九七　慈溪黄氏日抄分類九十七卷古今紀要十九卷（宋）黄震撰　元後至元三年刻本（卷九十三至九十七配明刻本）　上海圖書館

五九八　棠陰比事一卷（宋）桂萬榮撰　元刻本　北京大學圖書館

五九九 刑統賦一卷（宋）傅霖撰　（元）郄□韻釋　元建安余氏勤有堂刻本　首都圖書館

六〇〇 宋提刑洗冤集錄五卷（宋）宋慈撰　元刻本　北京大學圖書館

六〇一 吏學指南八卷（元）徐元瑞撰　元刻本　中國國家圖書館

六〇二 農桑輯要七卷（元）大司農司撰　元後至元五年刻明修本　上海圖書館

六〇三 黃帝内經素問二十四卷（唐）王冰注　（宋）林億等校正　孫兆改誤　亡篇一卷　金刻本　中國國家圖書館
存十三卷　三至五　十一至十八　二十　亡篇

六〇四 新刊黃帝内經素問二十四卷（唐）王冰注　（宋）林億等校正　孫兆改誤　亡篇一卷　元讀書堂刻本　中國國家圖書館

六〇五 新刊補注釋文黃帝内經素問十二卷（唐）王冰注　（宋）林億等校正　孫兆改誤　元後至元五年胡氏古林書堂刻本　中國國家圖書館

新刊素問入式運氣論奥三卷（宋）劉溫舒撰　黄帝内經素問遺篇一卷　元後至元五年胡氏古林書堂刻本　中國國家圖書館　六〇六

新刊黄帝内經靈樞十二卷　元後至元五年胡氏古林書堂刻至元六年印本　中國國家圖書館　六〇七

重修政和經史證類備用本草三十卷（宋）唐慎微撰　寇宗奭衍義　蒙古定宗四年平陽張存惠晦明軒刻本　錢謙益跋　中國國家圖書館　六〇八

本草衍義二十卷（宋）寇宗奭撰　元刻本　中國中醫科學院中醫藥信息研究所　六〇九

新刊王氏脉經十卷（晉）王叔和撰　（宋）林億等校定　元天曆三年廣勤書堂刻本　中國國家圖書館　六一〇

傷寒論注解十卷圖解一卷（金）成無己撰　元至正二十五年西園余氏刻本　李盛鐸跋　北京大學圖書館　六一一

張仲景注解傷寒百證歌五卷（宋）許叔微撰　元刻本　中國國家圖書館　六一二

新刊河間劉守真傷寒直格三卷（金）劉完素撰　元天曆元年建安翠巖精舍刻本　北京大學圖書館　六一三

新編金匱方論三卷（漢）張機撰　（晉）王叔和輯　（宋）林億等詮次　元刻明修本　楊守敬跋　北京大學圖書館　六一四

重刊巢氏諸病源候總論五十卷（隋）巢元方撰　（宋）趙拱等校正　元刻本　中國國家圖書館　六一五

重刊孫真人備急千金要方三十卷（唐）孫思邈撰　（宋）林億等校正　元刻本（卷六下配清抄本）　中國國家圖書館　六一六

太平惠民和劑局方十卷（宋）陳師文等撰　指南總論三卷（宋）許洪撰　增廣和劑局方圖經本草藥性總論一卷　元至正二十六年高氏日新堂刻本　中國國家圖書館　六一七

濟生拔粹方十九卷（元）杜思敬編　元刻本　中國國家圖書館　北京大學圖書館　由中國國家圖書館與北京大學圖書館配全　國圖　一至六　十一至十九　北大　七至十　六一八

永類鈐方二十二卷首一卷（元）李仲南撰　孫允賢校定　元至順刻本　上海圖書館　六一九

六二〇 世醫得效方二十卷（元）危亦林撰　元至正五年陳志刻本（卷十九至二十抄配）　北京大學圖書館

六二一 新編婦人大全良方二十四卷辨識修製藥物法度一卷
（宋）陳自明撰　元勤有書堂刻本　中國國家圖書館

六二二 鍼灸四書九卷　元至大四年燕山活濟堂刻本　寧波市天一閣博物館
新刊黄帝明堂灸經三卷
新刊子午流注鍼經三卷　（南唐）何若愚撰
新刊竇漢卿編集鍼經指南一卷　（金）竇傑撰　附鍼灸雜説一卷　（元）竇桂芳撰
新刊莊季裕編灸膏肓腧穴法一卷　（宋）莊綽撰

六二三 六經天文編二卷（宋）王應麟撰　元後至元六年慶元路儒學刻元明遞修本　中國國家圖書館

六二四 增注周易神應六親百章海底眼前集一卷後集一卷（宋）王鼒撰　何侁重編
元刻本　上海圖書館

六二五 玉靈聚義五卷（元）陸森撰　元天曆平江路刻本　北京大學圖書館

六二六 新雕注疏珞琭子三命消息賦三卷（宋）李仝注　東方明疏　新雕李燕陰陽三命二卷金刻本　唐寅題款　黄丕烈跋　中國國家圖書館

六二七 新編曆法集成前集一卷後集一卷續集一卷別集一卷（元）何士泰輯　元刻本　中國國家圖書館

六二八 圖繪寶鑑五卷補遺一卷續補一卷（元）夏文彦撰　元至正二十六年刻本　葉德輝跋　上海圖書館

六二九 古迂陳氏家塾尹文子二卷元陳仁子刻本　中國國家圖書館

六三〇 呂氏春秋二十六卷（漢）高誘注　元至正嘉興路儒學刻本　吳騫跋　上海圖書館

六三一 呂氏春秋二十六卷（漢）高誘注　元至正嘉興路儒學刻明修本　上海圖書館

白虎通德論十卷（漢）班固撰　元大德九年無錫州學刻本　□雪窗跋　上海圖書館　六三二

白虎通二卷（漢）班固撰　元刻本　黄丕烈跋　中國國家圖書館　六三三

風俗通義十卷（漢）應劭撰　元大德九年無錫州學刻本　上海圖書館　六三四

顔氏家訓七卷（北齊）顔之推撰　考證一卷（宋）沈揆撰　元刻本　何焯　錢大昕　孫星衍　黄丕烈跋　上海圖書館　六三五

古迂陳氏家藏夢溪筆談二十六卷（宋）沈括撰　元大德九年陳仁子東山書院刻本　中國國家圖書館　六三六

閒居録一卷（元）吾衍撰　元至正十八年孫道明抄本　中國國家圖書館　六三七

新刊履齋示兒編二十三卷（宋）孫奕撰　元劉氏學禮堂刻本　中國國家圖書館　六三八

困學紀聞二十卷（宋）王應麟撰　元泰定二年慶元路儒學刻本　中國國家圖書館　六三九

新編連相搜神廣記前集一卷後集一卷（元）秦子晉撰　元刻本　中國國家圖書館　六四〇

湖海新聞夷堅續志前集十二卷 元碧山精舍刻本　中國國家圖書館 六四一

存十卷 一至十

新刊分類江湖紀聞前集□卷 （元）郭霄鳳撰　元刻本　中國國家圖書館 六四二

存五卷 六至十

新編古今事文類聚前集六十卷後集五十卷續集二十八卷別集三十二卷 （宋）祝穆輯　新集三十六卷外集十五卷 （元）富大用輯 六四三

元泰定三年廬陵武溪書院刻本　中國國家圖書館

山堂先生群書考索前集六十六卷後集六十五卷續集五十六卷別集二十五卷 （宋）章如愚撰　呂中增廣　元延祐七年圓沙書院刻本　北京大學圖書館 六四四

六四五 纂圖增新群書類要事林廣記十集二十卷（宋）陳元靚輯 元後至元六年鄭氏積誠堂刻本 北京大學圖書館

六四六 新箋决科古今源流至論前集十卷後集十卷續集十卷（宋）林駉撰 別集十卷（宋）黃履翁撰 元延祐四年圓沙書院刻本 中國國家圖書館

六四七 玉海二百卷辭學指南四卷（宋）王應麟撰 元後至元六年慶元路儒學刻元明遞修本 中國國家圖書館

六四八 小學紺珠十卷（宋）王應麟撰 元後至元六年慶元路儒學刻元明遞修本 中國國家圖書館

六四九 姓氏急就篇二卷（宋）王應麟撰 元後至元六年慶元路儒學刻元明遞修本 中國國家圖書館

六五〇 急就篇補注四卷（宋）王應麟撰 元後至元六年慶元路儒學刻元明遞修本 中國國家圖書館

六五一 新編通用啓劄截江網六卷 元刻本 中國國家圖書館

六五二 新編詔誥章表機要四卷（金）郭明如輯　金刻本　南京圖書館　中國國家圖書館由南京圖書館與中國國家圖書館配全南圖　一　三至四　國圖　二

六五三 新增説文韻府群玉二十卷（元）陰時夫輯　陰中夫注　元大德刻本　上海圖書館

六五四 新編排韻增廣事類氏族大全十集元刻本　北京大學圖書館存五集甲至戊

六五五 新編事文類聚啓劄雲錦甲集六卷乙集六卷丙集六卷丁集六卷戊集六卷己集六卷庚集六卷辛集五卷壬集九卷癸集七卷元刻本　中國國家圖書館

六五六 重刊增廣門類換易新聯詩學攔江網七集七十卷元刻本　北京大學圖書館

聯新事備詩學大成三十卷（元）林楨輯　元刻本　華東師範大學圖書館　六五七

新編類意集解諸子瓊林前集二十四卷後集十六卷（元）蘇應龍輯　元刻本　中國國家圖書館　六五八

漢唐事箋對策機要十二卷後集八卷（元）朱禮撰　元至正六年日新堂刻本　邵淵耀　黄廷鑑跋　程恩澤題款　中國國家圖書館　六五九

詩學集成押韻淵海二十卷（元）嚴毅輯　元後至元六年蔡氏梅軒刻本　中國國家圖書館　六六〇

群書鈎玄十二卷（元）高恥傳輯　元至正七年刻明修本　上海圖書館　六六一

新編事文類要啓劄青錢後集十卷　元刻本　北京大學圖書館　六六二

金剛般若波羅蜜經一卷（後秦）釋鳩摩羅什譯　（元）釋思聰注　二十世紀七十年代影印元至正元年劉覺廣江陵刊經所刻朱墨套印本　私人藏品　六六三

觀音偈一卷卭山偈一卷 題山主和尚作 劉公居士傳述 金刻本 中國國家圖書館 六六四

佛祖歷代通載二十二卷 （元）釋念常撰 元至正七年釋念常募刻本 中國國家圖書館 六六五

釋氏稽古略四卷 （元）釋覺岸撰 元刻明修本 中國國家圖書館 六六六

大元至元辨僞錄五卷 （元）釋祥邁撰 元刻本 中國國家圖書館 六六七

老子鬳齋口義二卷 （宋）林希逸撰 元刻本 袁克文 秦更年跋 中國國家圖書館 六六八

列子鬳齋口義二卷 （宋）林希逸撰 元初刻本 中國國家圖書館 六六九

道德會元一卷 （元）李道純撰 元至元二十七年刻本 上海圖書館 六七〇

纂圖互注南華真經十卷 （晉）郭象注 （唐）陸德明音義 元刻明修本（有缺葉） 孫星衍跋 北京大學圖書館 六七一

太上感應篇八卷 （宋）李昌齡傳 （宋）鄭清之贊 元刻本（卷三第一至四葉 卷四第二十七葉以後缺） 中國國家圖書館 六七二

太清風露經一卷　題無住真人撰　蒙古太宗九年至乃馬真后三年宋德方等刻道藏本　中國國家圖書館　六七三

集部

箋注陶淵明集十卷（晉）陶潛撰（宋）湯漢等箋注　總論一卷（元）李公煥輯　元刻本（序　卷三　四俱通卷抄配　他卷亦間有抄配　抄補）　邵淵耀　宋康濟跋　傅增湘題款　中國國家圖書館　六七四

分類補注李太白詩二十五卷（唐）李白撰（宋）楊齊賢集注（元）蕭士贇補注　元建安余氏勤有堂刻明修本（卷三後剜去七行）　中國國家圖書館　六七五

須溪先生校本唐王右丞集六卷（唐）王維撰（宋）劉辰翁評點　元刻本（卷一第一至二　十　十三等葉版殘　缺字）　傅增湘題款　中國　六七六

杜工部草堂詩箋四十卷外集一卷（唐）杜甫撰（宋）蔡夢弼箋注 詩史補遺十卷（宋）黄鶴集注 年譜二卷（宋）趙子櫟 魯訔撰 詩話二卷（宋）蔡夢弼輯 傳序碑銘一卷 元刻本 朱承爵跋 上海圖書館 六七七

黄氏補千家注紀年杜工部詩史三十六卷（唐）杜甫撰（宋）黄希 黄鶴補注 年譜辨疑一卷（宋）黄鶴撰 元至元二十四年詹光祖月崖書堂刻本 山東省博物館 六七八

須溪先生校本韋蘇州集十卷拾遺一卷（唐）韋應物撰（宋）劉辰翁評點 元刻本 楊氏楓江書屋藏書 六七九

唐陸宣公集二十二卷（唐）陸贄撰 元刻本（卷二十二通卷配抄本 各卷間有抄配） 袁克文跋 中國國家圖書館 六八〇

朱文公校昌黎先生文集四十卷外集十卷（唐）韓愈撰（宋）朱熹考異 王伯大音釋 元至元十八年日 六八一

新書堂刻本　山東省博物館

外集存八卷　一至八

六八二　歌詩編四卷　（唐）李賀撰　蒙古憲宗六年趙衍刻本　黃丕烈跋　陸拙生題款　中國國家圖書館

六八三　增廣音注唐郢州刺史丁卯詩集二卷　（唐）許渾撰　（元）祝德子訂正　續集一卷　元刻本　續補一卷　清抄本　中國國家圖書館

六八四　范文正公集二十卷別集四卷政府奏議二卷尺牘三卷　（宋）范仲淹撰　遺文一卷　（宋）范純仁　范純粹撰　年譜一卷　（宋）樓鑰撰　年譜補遺一卷祭文一卷諸賢贊頌論疏一卷論頌一卷詩頌一卷朝廷優崇一卷言行拾遺事錄四卷鄱陽遺事錄一卷遺

蹟一卷褒賢祠記二卷義莊規矩一卷元天曆至正間范氏褒賢世家家塾歲寒堂刻本　中國國家圖書館

六八五　南豐曾子固先生集三十四卷（宋）曾鞏撰　金刻本　中國國家圖書館

六八六　元豐類稿五十卷（宋）曾鞏撰　續附一卷元大德八年丁思敬刻本　朱錫庚跋　中國國家圖書館

六八七　節孝先生文集三十卷事實一卷語錄一卷（宋）徐積撰　元刻明修本（序目錄　事實一卷均爲民國二十九年七月石星五抄配　其中事實一卷已包括本朝名臣言行錄　皇朝東都事略卓行傳序　諸君子帖三部分）　北京大學圖書館

六八八　王荊文公詩箋注五十卷目錄三卷（宋）王安石撰　李壁箋注　劉辰翁批點　年譜一卷（宋）詹大和撰　元大德五年王常刻本　中國國家圖書館

六八九　范忠宣公文集二十卷（宋）范純仁撰　元刻明修本　徐釚跋　上海圖書館

六九〇　王狀元集百家注分類東坡先生詩二十五卷（宋）蘇軾撰　題（宋）王十朋纂集　劉辰翁批點

東坡紀年錄一卷（宋）傅藻撰　元建安熊氏刻本　傅增湘跋　中國國家圖書館

六九一　東坡先生往還尺牘十卷（宋）蘇軾撰　元刻本　上海圖書館

六九二　山谷黃先生大全詩注二十卷（宋）黃庭堅撰　任淵注　元刻本（卷九至十配清抄本）　上海圖書館

六九三　山谷老人刀筆二十卷（宋）黃庭堅撰　元刻本（有缺葉　抄配）　中國國家圖書館

六九四　後山詩注十二卷（宋）陳師道撰　任淵注　元刻本（蠹蝕殘破　卷一配日本抄本）　袁克文跋　中國國家圖書館

六九五　增廣箋注簡齋詩集三十卷無住詞一卷（宋）陳與義撰　胡穉箋注　胡學士續添簡齋詩箋正誤一卷簡齋先生年譜一卷（宋）胡穉撰　元刻本（無住詞配清影元抄本）　中國國家圖書館

六九六　簡齋詩外集一卷（宋）陳與義撰　元抄本　錢翼之題記　鮑毓東跋　袁克文封面題簽　中國國家圖書館

新刊李學士新注孫尚書内簡尺牘十卷（宋）孫覿撰　李祖堯編注　元刻本　傅增湘跋　中國國家圖書館　六九七

豫章羅先生文集十七卷年譜一卷（宋）羅從彦撰　元至正二十五年豫章書院刻本（卷四至六　八至十一配清抄本）　南京圖書館　六九八

朱文公大同集十卷（宋）朱熹撰　陳利用輯　年譜一卷（元）都璋撰　元至正十二年都璋刻明修本（年譜配清抄本）　中國國家圖書館　六九九

批點分類誠齋先生文膾前集十二卷後集十二卷（宋）楊萬里撰　李誠父輯　元刻本　中國國家圖書館　七〇〇

勉齋先生黃文肅公文集四十卷（宋）黃榦撰　語錄一卷（宋）林圓　蔡念成等輯　年譜一卷（宋）鄭元肅撰　附集一卷　元刻延祐二年重修本　中國國家圖書館　七〇一

瓊琯白玉蟾上清集八卷（宋）葛長庚撰　元建安余氏靜庵刻本　上海圖書館　七〇二

方是閒居士小稿二卷（宋）劉學箕撰　元至正二十年屏山書院刻本　上海圖書館　七〇三

七〇四　棲霞長春子丘神仙磻溪集三卷（金）丘處機撰　金刻本（卷三第九至十葉明人抄配第二十一至二十二葉新抄配入）　傅增湘跋　中國國家圖書館

七〇五　知常先生雲山集五卷（元）姬志真撰　元延祐六年李懷素刻本　章鈺跋　中國國家圖書館

存三卷三至五

七〇六　張文忠公文集二十八卷（元）張養浩撰　元至正十四年刻本　北京大學圖書館

七〇七　趙子昂詩集七卷（元）趙孟頫撰　元至正元年虞氏務本堂刻本　傅增湘跋　中國國家圖書館

七〇八　筠溪牧潛集七卷（元）釋圓至撰　元大德刻本（碑記第五葉抄配）　楊紹和跋　中國國家圖書館

七〇九　靜修先生文集二十二卷（元）劉因撰　元至順元年宗文堂刻本　中國國家圖書館

七一〇　存悔齋詩一卷（元）龔璛撰　元至正五年俞楨抄本　俞楨　張丑跋　補遺一卷（明）朱存理輯　稿本　黃丕烈　張鳴珂　王頌蔚　龔易圖　葉昌

熾跋　傅以禮　魏錫曾題款　中國國家圖書館

漢泉曹文貞公詩集十卷（元）曹伯啓撰　後錄一卷　元後至元四年曹復亨刻本　中國國家圖書館　七一一

清容居士集五十卷目錄二卷（元）袁桷撰　元刻本（卷二十七至二十九　三十七至三十九　四十七至五十配清抄本）　中國國家圖書館　七一二

蒲室集十五卷書問一卷疏一卷（元）釋大訢撰　笑隱和尚語錄不分卷（元）釋廷俊等輯　元後至元刻本　中國國家圖書館　七一三

梅花字字香二卷（元）郭豫亨撰　元至大刻本　楊紹和跋　中國國家圖書館　七一四

石田先生文集十五卷（元）馬祖常撰　附錄一卷　元後至元五年揚州路儒學刻本（卷二至三　十四至十五　附錄配一九三三年徐宗浩抄本　卷六第一至三葉前人影元抄配）　徐宗浩校跋並題詩　中國國家圖書館　七一五

雍虞先生道園類稿五十卷（元）虞集撰　元刻本（卷十七至二十配抄本）　耿文光　傅增湘跋　中國國家圖書館　七一六

道園遺稿六卷 （元）虞集撰　元至正十四年金伯祥刻本　傅增湘跋　北京大學圖書館 七一七

伯生詩續編三卷 （元）虞集撰 題葉氏四愛堂詩一卷 （元）虞集　吳全節等撰　元後至元六年劉氏日新堂刻本（目錄一至二葉　卷中其他缺字影元抄配）　黄丕烈　葉昌熾　王國維跋　張裕釗　高野侯題款　錢恂　邵章題詞　金兆蕃題詩　中國國家圖書館 七一八

范德機詩集七卷 （元）范梈撰　元後至元六年益友書堂刻本　楊紹和跋　山東省博物館 七一九

疇齋文稿不分卷 （元）張仲壽撰　稿本　中國國家圖書館 七二〇

揭曼碩詩集三卷 （元）揭傒斯撰　元後至元六年日新堂刻本　傅增湘抄補缺葉並跋　中國國家圖書館 七二一

淵穎吳先生集十二卷 （元）吳萊撰 附錄一卷 元末刻本　中國國家圖書館 七二二

金華黄先生文集四十三卷 （元）黄溍撰　元刻本（卷二十一至四十三配清抄本）　佚名錄錢大昕　繆荃孫跋　上海圖書館 七二三

柳待制文集二十卷標目二卷 （元）柳貫撰 附錄一卷 元至正十年余闕浦江學官刻明永樂四年柳貴補 七二四

修本（卷十四至十五配清抄本） 上海圖書館

順齋先生閒居叢稿二十六卷（元）蒲道源撰 附錄一卷 元至正十年刻本 上海圖書館 七二五

陳衆仲文集十三卷（元）陳旅撰 元至正刻明修本（卷八至十三配清抄本） 黄丕烈 錢天樹 李兆洛 程恩澤 季錫疇 王振聲跋 黄丕烈 錢大昕 瞿熙邦填補缺字 中國國家圖書館 七二六

師山先生文集十一卷（元）鄭玉撰 元至正刻明修本 中國國家圖書館 七二七

存九卷 一至四 六至七 九至十一 有缺葉

梧溪集七卷（元）王逢撰 元至正明洪武間刻景泰七年陳敏政重修本（卷一至四及他卷缺葉配清初毛氏汲古閣影元抄本） 陸貽典校並跋 中國國家圖書館 七二八

梅花百咏一卷（元）韋珪撰 元至正刻本 黄丕烈跋並題詩 中國國家圖書館 七二九

新刊麗則遺音古賦程式四卷（元）楊維楨撰 元刻本（序 卷一至二配清嘉慶二十二年黄氏士禮居影元抄本） 黄丕烈校跋 中國國家圖書館 七三〇

樂府詩集一百卷目録二卷（宋）郭茂倩輯　元至正元年集慶路儒學刻明修本　王咸　毛晉校並跋　中國國家圖書館　七三一

古樂府十卷（元）左克明輯　元至正刻明修本　黄丕烈　季錫疇　喬松年跋　方震儒題款　中國國家圖書館　七三二

三聖詩一卷（唐）釋寒山子（元）釋梵琦撰　元刻本　中國國家圖書館　七三三

迂齋先生標注崇古文訣三十五卷（宋）樓昉輯　元刻本（有缺葉　明清人抄配較多）　中國國家圖書館　存三十葉第三十葉以下缺　間有殘破　七三四

文章正宗二十四卷（宋）真德秀輯　元刻明修本　中國國家圖書館　七三五

東澗先生妙絶今古文選四卷（宋）湯漢輯　元刻本　中國國家圖書館　七三六

疊山先生批點文章軌範七卷（宋）謝枋得輯　元刻本　錢謙益批點　許運昌跋　中國國家圖書館　七三七

類編層瀾文選前集十卷後集十卷續集十卷別集十卷元雲坡家　七三八

塾刻本　上海圖書館

中州集十卷中州樂府一卷（金）元好問輯　元至大三年平水曹氏進德齋刻遞修本（中州樂府配影元抄本）傅增湘跋　中國國家圖書館　七三九

皇元風雅六卷（元）傅習　孫存吾輯　元刻本　中國國家圖書館　七四〇

皇元風雅後集六卷（元）孫存吾輯　元李氏建安書堂刻本　中國國家圖書館　七四一

皇元風雅三十卷（元）蔣易輯　元建陽張氏梅溪書院刻本　黃丕烈跋　中國國家圖書館　七四二

國朝風雅不分卷雜編三卷（元）蔣易輯　元刻本　黃丕烈　羅振玉跋　中國國家圖書館　七四三

國朝文類七十卷目錄三卷（元）蘇天爵輯　元至元至正間西湖書院刻明修本　中國國家圖書館　七四四

文心雕龍十卷（南朝梁）劉勰撰　元至正十五年刻明修本　上海圖書館　七四五

葉先生詩話三卷（宋）葉夢得撰　元陳仁子刻本　中國國家圖書館　七四六

七四七 詩人玉屑二十卷（宋）魏慶之輯　元刻本　北京大學圖書館
存十七卷　一至十七

七四八 修辭鑑衡二卷（元）王構輯　元至順四年集慶路儒學刻本　上海圖書館

七四九 作義要訣一卷（元）倪士毅撰　科場備用書義斷法六卷（元）鄒次陳撰　元刻本　北京大學圖書館

七五〇 東坡樂府二卷（宋）蘇軾撰　元延祐七年葉曾南阜書堂刻本　黃丕烈跋　中國國家圖書館

七五一 稼軒長短句十二卷（宋）辛棄疾撰　元大德三年廣信書院刻本　黃丕烈跋　顧廣圻抄補並跋　陶梁　瞿中溶　汪鳴鑾　王鵬運　許玉瑑題款　中國國家圖書館

七五二 蕭閒老人明秀集注六卷（金）蔡松年撰　魏道明注　金刻本　中國國家圖書館
存三卷　一至三

七五三 精選名儒草堂詩餘三卷　題鳳林書院輯　元刻本（卷下末葉抄配）　中國國家圖書館

七五四 劉知遠諸宮調十二卷 金刻本 中國國家圖書館

存五卷四十二葉 一至三 十一至十二

七五五 朝野新聲太平樂府九卷 （元）楊朝英輯 元刻本 中國國家圖書館

存八卷 一至八

七五六 樂府新編陽春白雪前集五卷後集五卷 （元）楊朝英輯 元刻本 柳是校 黄丕烈 丁丙跋 南京圖書館

七五七 古今雜劇三十種 元刻本 中國國家圖書館

古杭新刊關目的本李太白貶夜郎一卷 （元）王伯成撰

新刊關目嚴子陵垂釣七里灘一卷 （元）宮天挺撰

大都新編楚昭王疏者下船一卷 （元）鄭廷玉撰

古杭新刊的本尉遲恭三奪槊一卷 （元）尚仲賢撰

古杭新刊的本關目風月紫雲庭一卷 （元）石君寶撰

大都新編關張雙赴西蜀夢一卷 （元）關漢卿撰

新刊關目詐妮子調風月一卷　(元)關漢卿撰
新刊的本泰華山陳摶高卧一卷　(元)馬致遠撰
趙氏孤兒一卷　(元)紀君祥撰
新刊的本薛仁貴衣錦還鄉一卷　(元)張國賓撰
古杭新刊關目輔成王周公攝政一卷　(元)鄭光祖撰
大都新刊關目的本東窗事犯一卷　(元)孔文卿撰
古杭新刊關目霍光鬼諫一卷　(元)楊梓撰
新刊關目張鼎智勘魔合羅一卷　(元)孟漢卿撰
古杭新刊的本關大王單刀會一卷　(元)關漢卿撰
新刊關目晉文公火燒介子推一卷　(元)狄君厚撰
新刊關目馬丹陽三度任風子一卷　(元)馬致遠撰
新刊關目閨怨佳人拜月亭一卷　(元)關漢卿撰
新刊關目全蕭何追韓信一卷　(元)金仁傑撰
大都新編關目公孫汗衫記一卷　(元)張國賓撰
新刊關目看錢奴買冤家債主一卷　(元)鄭廷玉撰
新刊關目漢高皇濯足氣英布一卷　(元)尚仲賢撰
新刊關目好酒趙元遇上皇一卷　(元)高文秀撰
新刊關目陳季卿悟道竹葉舟一卷　(元)范康撰

新刊關目諸葛亮博望燒屯一卷
新刊死生交范張鷄黍一卷　（元）宫天挺撰
新編岳孔目借鐵拐李還魂一卷　（元）岳伯川撰
新編足本關目張千替殺妻一卷
古杭新刊小張屠焚兒救母一卷
新刊的本散家財天賜老生兒一卷　（元）武漢臣撰

梨園按試樂府新聲三卷

元刻本　中國國家圖書館

明代編

經部

讀易餘言五卷（明）崔銑撰　明崔氏家塾刻本　中國國家圖書館　七五九
讀易備忘四卷（明）黄潛翁撰　明嘉靖活字印本　焦循跋　北京大學圖書館　七六〇
會通館校正音釋書經十卷　明會通館銅活字印本　上海圖書館　七六一
尚書考異不分卷（明）梅鷟撰　明抄本　顧廣圻校並跋　丁丙跋　南京圖書館　七六二

七六三 詩說解頤總論二卷正釋三十卷字義八卷（明）季本撰 明嘉靖四十一年胡宗憲刻本 中國國家圖書館

七六四 毛詩正變指南圖一卷詩經金丹彙考一卷詩經難字一卷題（明）顧起元撰 明版築居刻朱墨套印本 北京師範大學圖書館

七六五 詩外傳十卷（漢）韓嬰撰 明沈氏野竹齋刻本 黄丕烈校跋並題詩 陸損之 顧廣圻 鈕樹玉 陳鱣校 黄美鎏 周叔弢校並跋 王大隆跋並録張紹仁校識 中國國家圖書館

七六六 周禮十二卷（漢）鄭玄注 明嘉靖吳郡徐氏刻三禮本 中國國家圖書館

七六七 儀禮十七卷（漢）鄭玄注 明嘉靖吳郡徐氏刻三禮本 張敦仁校並録顧廣圻 段玉裁校 中國國家圖書館

七六八 大樂律呂元聲六卷大樂律呂考注四卷（明）李文利撰 李元校補 明嘉靖十四年浙江布政司刻本 浙江圖書館

樂律全書十五種四十八卷

（明）朱載堉撰　明萬曆鄭藩刻本　中國國家圖書館

律學新説四卷
樂學新説一卷
算學新説一卷
律呂精義内篇十卷
律呂精義外篇十卷
操縵古樂譜一卷
旋宫合樂譜一卷
鄉飲詩樂譜六卷
六代小舞譜一卷
小舞鄉樂譜一卷
二佾綴兆圖一卷
靈星小舞譜一卷
聖壽尤年曆二卷
萬年曆備考三卷
律曆融通四卷附音義一卷

春秋國華十七卷（明）嚴訥輯　明萬曆活字印本　中山大學圖書館　七七〇

春秋孔義十二卷（明）高攀龍撰　明崇禎十三年秦堈刻本　中國國家圖書館　七七一

春秋存俟十二卷（明）佘光　佘颺撰　明弘光元年文來閣刻本　中國國家圖書館　七七二

孝經列傳十二章（明）胡時化編集　明萬曆刻本　廣東省社會科學院圖書館　七七三

刪微三十六卷（明）孫穀輯　明崇禎刻本　中國國家圖書館　七七四

釋名八卷（漢）劉熙撰　明嘉靖三年儲良材　程鴻刻本　黄丕烈校　蔣鳳藻跋　中國國家圖書館　七七五

廣雅十卷（魏）張揖撰　（隋）曹憲音釋　明刻本　黄丕烈　顧廣圻校並跋　中國國家圖書館　七七六

埤雅二十卷（宋）陸佃撰　明建文二年林瑜　陳大本刻本　中國國家圖書館　七七七
存十三卷　一至六　十四至二十

干祿字書一卷（唐）顏元孫撰 明嘉靖六年孫沐萬玉堂刻本 中國國家圖書館 七七八
汗簡七卷（宋）郭忠恕撰 明弘光元年馮舒抄本 馮舒 黄丕烈跋 中國國家圖書館 七七九
佩觿三卷（宋）郭忠恕撰 明嘉靖六年孫沐萬玉堂刻本 中國國家圖書館 七八〇
古文奇字十二卷（明）朱謀㙔撰 明萬曆刻本 中國科學院文獻情報中心 七八一
華夷譯語不分卷（明）火源潔撰 明内府刻本 中國國家圖書館 七八二
高昌館課不分卷明抄本 中國國家圖書館 七八三
洪武正韻十六卷（明）樂韶鳳 宋濂等撰 明初刻本（卷四至六配明抄本） 中國國家圖書館 七八四
西儒耳目資三卷（法國）金尼閣撰 釋疑一卷（明）王徵撰 明天啓六年王徵 張問達刻本 中國國家圖書館 七八五

史部

新唐書糾謬二十卷（宋）吳縝撰　明影宋抄本　中國國家圖書館　七八六

元史二百十卷目錄二卷（明）宋濂等撰　明洪武三年内府刻本　北京大學圖書館　七八七

兩漢紀六十卷　明嘉靖二十七年黄姬水刻本　黄丕烈校並跋　孫濳校　馮舒　傅增湘　周叔弢跋　中國國家圖書館　七八八

前漢紀三十卷（漢）荀悦撰
後漢紀三十卷（晉）袁宏撰　七八九

三朝北盟會編二百五十卷（宋）徐夢莘撰　明抄本（卷一百五十一至一百五十五配清抄本）　中國國家圖書館　七九〇

存二百三十卷　一至一百十　一百二十一至一百三十五　一百四十六至二百五十

元史續編十六卷（明）胡粹中撰　明永樂刻本　中國國家圖書館　七九一

聖政記十二卷（明）宋濂撰　明抄本　上海圖書館　七九二

華陽國志十二卷（晉）常璩撰　明嘉靖四十二年張佳胤刻本　中國國家圖書館　七九三

貞觀政要十卷（唐）吴兢撰　明洪武三年王氏勤有堂刻本　中國國家圖書館　七九四

吴越備史五卷題（宋）范坰　林禹撰　補遺一卷雜考一卷（明）錢受徵輯　明萬曆二十七年錢達道刻本　中國國家圖書館　七九五

靖康孤臣泣血録二卷題（宋）丁特起撰　明萬曆三十四年張豫誠刻本　中國國家圖書館　七九六

黑韃事略一卷（宋）彭大雅撰　徐霆疏證　明嘉靖二十一年抄本　姚咨跋　中國國家圖書館　七九七

吾學編六十九卷（明）鄭曉撰　明萬曆二十七年鄭心材刻本　中國國家圖書館　七九八

今言四卷（明）鄭曉撰　明嘉靖四十五年項篤壽刻本　中國國家圖書館　七九九

八〇〇 弇山堂別集一百卷（明）王世貞撰　明萬曆十八年翁良瑜雨金堂刻本　中國國家圖書館

八〇一 皇明馭倭錄九卷（明）王士騏撰　附略二卷寄語略一卷（明）王士騏輯　明萬曆刻本　中國國家圖書館

八〇二 遜國君紀抄一卷臣事抄六卷（明）鄭曉撰　明抄本　上海圖書館

八〇三 建文朝野彙編二十卷（明）屠叔方撰　明萬曆刻本　中國國家圖書館

八〇四 新刊金文靖公前北征錄一卷後北征錄一卷（明）金幼孜撰　新刊楊文敏公後北征記一卷（明）楊榮撰　明弘治十七年劉氏安正堂刻本　潘介繁跋　中國國家圖書館

八〇五 甲申紀事十三卷附工部新刊事例一卷（明）馮夢龍輯　明弘光元年自刻本　中國國家圖書館

八〇六 皇明祖訓一卷（明）明太祖朱元璋撰　明洪武禮部刻本　中國國家圖書館

張文忠公奏疏抄四卷（明）張居正撰　李贄輯並評　明刻本　中國國家圖書館　八〇七

天聖令三十卷（宋）呂夷簡　龐籍等纂修　明抄本　寧波市天一閣博物館　八〇八

列女傳十六卷（漢）劉向撰　（明）汪道昆增輯　仇英繪圖　明萬曆刻清乾隆四十四年鮑氏知不足齋印本　清華大學圖書館　八〇九

歷代臣鑒三十七卷（明）明宣宗朱瞻基撰　明宣德元年内府刻本　北京師範大學圖書館　八一〇

歷代君鑒五十卷（明）明景帝朱祁鈺撰　明景泰四年内府刻本　北京大學圖書館　八一一

宗藩訓典十二卷（明）馮柯輯　明萬曆三十年襄藩貞白書院刻本　中國國家圖書館　八一二

存九卷子丑寅巳未申酉戌亥

殿閣詞林記二十二卷（明）廖道南撰　明嘉靖刻本　中國國家圖書館　八一三

晏子春秋八卷　明活字印本　丁丙跋　南京圖書館　八一四

八一五 聖蹟圖一卷 明正德元年刻彩色印本 北京大學圖書館

八一六 新刊真楷大字全號縉紳便覽一卷 明萬曆十二年北京鐵匠衚衕葉鋪刻藍印本 繆荃孫 鮑毓東 曹元忠跋 李詳 金蓉鏡等題詩 中國國家圖書館

八一七 寰宇通志一百十九卷 (明)陳循 彭時等纂修 明景泰刻本 天津圖書館

八一八 大明一統志九十卷 (明)李賢 萬安等纂修 明天順五年内府刻本 中山人學圖書館

八一九 廣輿圖二卷 (元)朱思本撰 (明)羅洪先 胡松增補 明萬曆七年錢岱刻本 中國國家圖書館

八二〇 皇明職方兩京十三省地圖表三卷 (明)陳組綬撰 明崇禎儿年刻本 中國國家圖書館

八二一 [洪武]平陽志□□卷 明洪武十五年刻本 中國國家圖書館 存九卷 一至九

長安志二十卷（宋）宋敏求纂修　圖三卷（元）李好文撰　明成化四年郃陽書堂刻本　黄丕烈跋　中國國家圖書館　八二二
［正德］瓊臺志四十四卷（明）唐胄纂修　明正德刻本　寧波市天一閣博物館　八二三
存四十卷　一至二十一　二十四至四十二
［景泰］雲南圖經志書十卷（明）鄭顒　陳文纂修　明景泰刻本　中國國家圖書館　八二四
［弘治］貴州圖經新志十七卷（明）沈庠　趙瓚　王佐纂修　明刻本（卷一至三　八至十配明抄本）　中國國家圖書館　八二五
黔記六十卷（明）郭子章撰　明萬曆刻本　中國國家圖書館　八二六
存五十八卷　一至二十四　二十七至六十
中吴紀聞六卷（宋）龔明之撰　明末毛氏汲古閣刻本　毛晉　毛扆校　陸貽典校並跋　中國國家圖書館　八二七
籌海圖編十三卷（明）鄭若曾輯　明嘉靖四十一年胡宗憲刻本　中國國家圖書館　八二八

蜀中廣記一百八卷（明）曹學佺撰　明刻本　中國國家圖書館　寧波市天一閣博物館　北京大學圖書館　八二九

存一百六卷　國圖　蜀中名勝記三十卷　蜀郡縣古今通釋四卷　蜀中風俗記四卷　蜀中人物記六卷　蜀中方物記一至十一　蜀中著作記十卷　蜀中高僧記十卷　蜀中詩話四卷　蜀中畫苑四卷　蜀中宦遊記四卷　天一閣　蜀中神仙記八卷　蜀中方物記十二　北大　蜀中邊防記十卷

河防一覽十四卷（明）潘季馴撰　明萬曆十八年自刻本　中國國家圖書館　八三〇

西湖遊覽志二十四卷志餘二十六卷（明）田汝成撰　明嘉靖二十年嚴寬刻本　中國國家圖書館　八三一

吳中水利通志十七卷　明嘉靖三年錫山安國銅活字印本　中國國家圖書館　八三二

汴京遺蹟志二十四卷（明）李濂撰　明嘉靖二十五年自刻本　中國國家圖書館　八三三

洛陽伽藍記五卷（北魏）楊衒之撰　明末毛氏綠君亭刻本　毛扆　黄丕烈　周星詒　周紹寅校並跋　薛雪　顧廣圻跋　中國國家圖書館　八三四

殊域周咨錄二十四卷（明）嚴從簡撰　明萬曆刻本　中國國家圖書館　八三五

職方外紀六卷首一卷（意大利）艾儒略增譯　（明）楊廷筠記　明天啓刻本　中國國家圖書館　八三六

宣和奉使高麗圖經四十卷（宋）徐兢撰　明抄本　毛扆校　中國國家圖書館　八三七

翰苑群書二卷（宋）洪遵輯　明抄本　傅增湘等跋並題詩　陳寶琛　夏孫桐　邵章　陳雲誥　郭則澐　俞陛雲題記　中國國家圖書館　八三八

皇明太學志十二卷（明）王材　郭鎜等纂修　明嘉靖三十六年國子監刻隆慶萬曆遞修本　中國國家圖書館　八三九

南廱志二十四卷（明）黄佐撰　明嘉靖刻隆慶增修本　南京圖書館　八四〇

大明會典一百八十卷（明）徐溥等纂修　明正德六年司禮監刻本　中國國家圖書館　八四一

六部纂修條例不分卷　明抄本　天津圖書館　八四二

大明集禮五十三卷（明）徐一夔　梁寅等纂修　明嘉靖九年内府刻本　中國國家圖書館　八四三

皇明典禮不分卷　明建文刻本　大連市圖書館　八四四

絲絹全書八卷（明）程任卿輯　明萬曆刻本　中國國家圖書館　八四五

漕運通志十卷（明）謝純撰　明嘉靖七年楊宏刻本　中國國家圖書館　八四六

鹽政志十卷（明）朱廷立　史紳等撰　明嘉靖刻本　中國國家圖書館　八四七

大明律釋義三十卷（明）應檟輯　明嘉靖三十一年廣東布政使司刻本　上海圖書館　八四八

天工開物三卷（明）宋應星撰　明崇禎十年自刻本　中國國家圖書館　八四九

宋應星四種四卷（明）宋應星撰　明崇禎刻本　江西省圖書館　八五〇

金薤琳琅二十卷（明）都穆撰　明嘉靖刻本　中國國家圖書館　八五一

集古印譜不分卷（明）顧從德輯　明隆慶刻鈐印本　季錫疇　翁同龢　吳憲澂跋　上海圖書館　八五二

史通二十卷（唐）劉知幾撰　明萬曆五年張之象刻本　何焯批校並跋又錄馮舒評語　顧廣圻　鄧邦述跋　中國國家圖書館　八五三

子部

鹽鐵論十卷（漢）桓寬撰　明弘治十四年涂禎刻本　毛扆校並跋　馮知十跋　馮武抄補並跋　中國國家圖書館　八五四

申鑒五卷（漢）荀悅撰　明嘉靖十二年張惟恕刻本　中國國家圖書館　八五五

宋司馬溫國文正公家範十卷（宋）司馬光撰　明萬曆七年莫與齊刻本　上海圖書館　八五六

讀書錄十卷續錄十二卷（明）薛瑄撰　明嘉靖三十四年沈維藩刻本　中國國家圖書館　八五七

困知記二卷續二卷附錄二卷續補一卷外編一卷（明）羅欽順撰　明天啓三年羅珽仕　羅琁仕刻本　首都圖書館　八五八

859 涇野子内篇二十七卷（明）呂柟撰　王光祖輯　明萬曆十五年呂昀刻本　復旦大學圖書館

860 兵垣四編四卷附四種四卷（明）閔聲編　明天啓元年閔氏刻三色套印本　軍事科學院軍事圖書資料館

861 孫子參同五卷（明）閔于忱輯　明萬曆四十八年閔于忱松筠館刻朱墨套印本　中國國家圖書館

862 司馬法集解三卷（明）閻禹錫輯　明弘治元年邢表刻本　孫星衍跋　中國國家圖書館

863 諸葛孔明心書一卷題（蜀）諸葛亮撰　明正德十二年韓襲芳銅活字印本　上海圖書館

864 紀效新書十八卷首一卷（明）戚繼光撰　明隆慶刻本　上海圖書館

865 武備志二百四十卷（明）茅元儀撰　明天啓刻本（有抄補）　中國國家圖書館

866 耕餘剩技六卷（明）程宗猷撰　明萬曆四十二年天啓元年程禹跡等刻本　中國國家圖書館

867 射史八卷（明）程宗猷撰　明崇禎二年自刻本　中國國家圖書館

農書三十六卷（元）王禎撰　明嘉靖九年山東布政使司刻本　南京圖書館　八六八

泰西水法六卷（意大利）熊三拔撰　（明）徐光啓筆記　李之藻訂正　明萬曆四十年曹于汴　彭惟成等刻本　中國國家圖書館　八六九

東垣十書十九卷　明嘉靖八年遼藩朱寵瀼梅南書屋刻本　中國國家圖書館　八七〇

重廣補注黄帝内經素問二十四卷（唐）王冰注　（宋）林億等校正　孫兆改誤　明嘉靖二十九年顧從德影宋刻本　中國國家圖書館　八七一

類經三十二卷（明）張介賓類注　圖翼十一卷附翼四卷（明）張介賓撰　明天啓四年自刻本　清華大學圖書館　八七二

難經本義二卷（元）滑壽撰　明薛己刻萬曆十八年南京太醫院重修本　上海圖書館　八七三

履巉巖本草三卷　題（宋）琅琊默庵撰　明抄彩繪本　中國國家圖書館　八七四

本草綱目五十二卷圖二卷（明）李時珍撰　明萬曆二十一年胡承龍刻本　中國中醫科學院中醫藥信息研究所　八七五
仲景全書二十六卷（漢）張機撰　明萬曆二十七年趙開美刻本　中國中醫科學院中醫藥信息研究所　八七六
傷寒論十卷　（漢）張機撰
注解傷寒論十卷　（金）成無己注
傷寒類證三卷　（金）宋雲公撰
金匱要略方論三卷　（漢）張機撰
金匱要略方三卷（漢）張機撰　（晉）王叔和輯　（宋）林億詮次　明洪武二十八年吳遷抄本　徐乃昌題識　上海圖書館　八七七
重訂丹溪心法三卷（元）朱震亨撰　（明）程充重訂　附錄一卷　明弘治六年程祖興等刻本　中國中醫科學院中醫藥信息研究所　八七八
名醫類案十二卷（明）江瓘輯　明萬曆十九年刻本　南京圖書館　八七九
渾蓋通憲圖説二卷首一卷（明）李之藻撰　明萬曆三十五年樊良樞刻本　清華大學圖書館　八八〇
回回曆法一卷　明洪武十六年内府刻本　中國國家圖書館　八八一

八八二 西洋新法曆書□□種□□卷（明）徐光啓　李天經編　明崇禎清順治間刻本　中國國家圖書館

存二十五種九十二卷首二卷　曆引一卷　日躔表二卷　大測二卷　渾天儀四卷　割圓勾股八綫表一卷　新曆曉或一卷　月離表四卷　五緯表十一卷　交食表九卷　恒星出没表二卷　測量全義十一卷　交食曆指七卷　測食二卷　學曆小辯一卷　黄赤距度表一卷　測天約説二卷　幾何要法四卷　恒星經緯表五六　恒星曆指三　月離曆指二至四　治曆緣起八卷　五緯曆指九卷　日躔曆指一卷　古今交食考一卷

八八三 九章詳注比類算法大全十卷乘除開方起例一卷（明）吴敬撰　明景泰元年王均刻弘治元年吴訥重修本　中國國家圖書館

八八四 幾何原本六卷（意大利）利瑪竇口譯　（明）徐光啓筆受　明萬曆三十五年刻本　韓應陛跋　中國國家圖書館

八八五 三易洞璣十六卷（明）黄道周撰　明刻本　上海圖書館

八八六 靈棋經一卷題（晉）顔幼明（宋）何承天（元）陳師凱（明）劉基注解　明正德十五年榮府刻本　中國國家圖書館

八八七 珊瑚木難不分卷（明）朱存理輯　稿本　王廣　翁文綱　楊繼震跋　顧渚題詩並跋又録文徵明　文震孟　呂一經等詩翰　中國國家圖書館

八八八 廣川書跋十卷 (宋)董逌撰 明吴氏叢書堂抄本 葉萬 顧蒓 席佩蘭 方若衡 張蓉鏡跋 黄丕烈校 中國國家圖書館

八八九 書法鈎玄四卷 (元)蘇霖撰 明嘉靖三十六年嚴嵩刻本 中國國家圖書館

八九〇 書史會要九卷補遺一卷 (明)陶宗儀撰 明洪武九年刻本 上海圖書館

八九一 廣川畫跋六卷 (宋)董逌撰 明嘉靖韓宸刻本 黄廷鑑校 中國國家圖書館

八九二 吴姬百媚二卷 明萬曆貯花齋刻本 中國國家圖書館

水滸葉子不分卷 (明)陳洪綬繪 明天啓刻本 四川省圖書館

八九三 臞仙神奇秘譜三卷 (明)朱權輯 明洪熙元年刻本 上海圖書館

八九四 風宣玄品十卷 (明)朱厚爝輯 明嘉靖十八年徽藩刻本 中國藝術研究院

八九五 新刻文會堂琴譜 (明)胡文煥撰 明萬曆二十五年胡氏文會堂刻本 中國國家圖書館

八九六 奕藪四卷棋經注一卷 (明)蘇之軾撰 明天啓二年自刻三色套印本 中國國家圖書館

周君建鑒定古牌譜二卷（明）胡貞波撰　明末周之標刻本　中國國家圖書館　八九七

程氏墨苑十二卷（明）程大約撰　人文爵里八卷　明萬曆程氏滋蘭堂刻彩色套印本　中國國家圖書館　八九八

遠西奇器圖説錄最三卷（瑞士）鄧玉函口授（明）王徵譯繪　新製諸器圖説一卷（明）王徵撰　明崇禎元年武位中刻本　中國國家圖書館　八九九

飲膳正要三卷（元）忽思慧撰　明景泰七年内府刻本　中國國家圖書館　九〇〇

茶書二十七種三十三卷（明）喻政編　明萬曆四十一年刻本　丁丙跋　南京圖書館　九〇一

墨子十五卷　明嘉靖三十一年芝城銅活字藍印本　黄丕烈校並跋　中國國家圖書館　九〇二

鶡冠子三卷（宋）陸佃注　明弘治碧雲館活字印本（四庫底本）　清高宗弘曆題詩　中國國家圖書館　九〇三

淮南鴻烈解二十一卷（漢）劉安撰　許慎　高誘注　明萬曆八年茅一桂刻本（四庫底本）　中國國家圖書館　九〇四

九〇五　劉子二卷（北齊）劉晝撰　（唐）袁孝政注　（明）孫鑛評　明末刻本　上海圖書館

九〇六　封氏聞見記十卷（唐）封演撰　明抄本　蔣杲校並跋　中國國家圖書館

九〇七　南部新書十卷（宋）錢易撰　明刻本　錢曾　胡珽校　何焯　周錫瓚　顧廣圻校並跋　中國國家圖書館

九〇八　春渚紀聞十卷（宋）何薳撰　明天啓四年王□抄本　吳翌鳳校跋並錄毛扆題識　黃丕烈　陳墫　周星詒校並跋　蔣鳳藻跋　中國國家圖書館

九〇九　習學記言序目五十卷（宋）葉適撰　明抄本　葉萬跋　周星詒校並跋　中國國家圖書館

九一〇　蘆浦筆記十卷（宋）劉昌詩撰　明穴研齋抄本　黃丕烈　王芑孫跋　中國國家圖書館

九一一　焦氏筆乘六卷續集八卷（明）焦竑撰　明萬曆三十四年謝與棟刻本　中國國家圖書館

九一二　珊瑚林二卷金屑編一卷（明）袁宏道撰　明清響齋刻本　中國國家圖書館

九一三　世説新語八卷（南朝宋）劉義慶撰　（南朝梁）劉孝標注　（宋）劉辰翁　劉應登（明）王世懋點評　明凌瀛初刻四色套印本　中國國家圖書館

涑水記聞二卷（宋）司馬光撰　明抄本　中國國家圖書館　九一四

茅亭客話十卷（宋）黃休復撰　明穴研齋抄本　黃丕烈　王芑孫跋　中國國家圖書館　九一五

新編分類夷堅志甲集五卷乙集五卷丙集五卷丁集五卷戊集五卷己集六卷庚集五卷辛集五卷壬集五卷癸集五卷（宋）洪邁撰　葉祖榮輯　明嘉靖二十五年洪楩清平山堂刻本　中國國家圖書館　九一六

北堂書抄一百六十卷（唐）虞世南輯　明抄本　孫星衍　嚴可均　周星詒校並跋　王石華　洪頤煊　王引之　錢東垣　顧廣圻　譚儀校　傅以禮跋　戴望　譚儀　葉昌熾　鄧邦述題款　中國國家圖書館　九一七

龍筋鳳髓判二卷（唐）張鷟撰　明弘治十七年沈津刻本　錢曾校　中國國家圖書館　九一八

金剛般若波羅蜜經一卷（後秦）釋鳩摩羅什譯　明永曆九年孫可望刻朱印本　雲南省圖書館　九一九

九二〇
佛説摩利支天菩薩經一卷
（唐）釋不空（元）釋法天譯　明永樂元年鄭和刻本　中國國家圖書館

九二一
道德經講義十二卷
（宋）呂知常撰　明宣德七年周思得刻本　中國國家圖書館

九二二
金丹正理大全四十二卷
明嘉靖十七年周藩刻本　天津圖書館

金丹大要十卷　（元）陳致虛撰
金碧古文龍虎上經三卷　（宋）王道注疏
周易參同契通真義三卷　（後蜀）彭曉撰
周易參同契解三卷　（宋）陳顯微撰
周易參同契分章注三卷　（元）陳致虛撰
玄學正宗二卷
金丹四百字内外注解一卷
悟真篇注疏三卷　（宋）陳達靈傳　翁葆光注　（元）戴起宗疏
直指詳説一卷　（宋）翁葆光撰
諸真玄奥集成九卷　□函蟾子輯
群仙珠玉集四卷

陽山顧氏文房小説四十種五十八卷

（明）顧元慶編　明正德嘉靖間顧元慶刻本　中國國家圖書館

古今注三卷　（晉）崔豹撰
隋唐嘉話三卷　（唐）劉餗撰
周秦行紀一卷　題（唐）牛僧孺撰
南岳魏夫人傳一卷
劉賓客嘉話録一卷　（唐）韋絢撰
博異志一卷
楊太真外傳二卷　題（宋）樂史撰
卧遊録一卷　（宋）吕祖謙撰
山家清事一卷　（宋）林洪撰
張太史明道雜志一卷　（宋）張耒撰
宜齋野乘一卷　（宋）吴枋撰
松窗雜録一卷　（唐）李濬撰
次柳氏舊聞一卷　（唐）李德裕撰
鍾嶸詩品三卷　（南朝梁）鍾嶸撰
芥隱筆記一卷　（宋）龔頤正撰
東坡居士艾子雜説一卷

九二三

梅妃傳一卷
虬髯客傳一卷　（前蜀）杜光庭撰
資暇集三卷　（唐）李匡乂撰
集異記二卷　（唐）薛用弱撰
幽閒鼓吹一卷　（唐）張固撰
小爾雅注一卷　（宋）宋咸撰
葆光録三卷
洛陽名園記一卷　（宋）李格非撰
趙飛燕外傳一卷　題（漢）伶玄撰
高力士外傳一卷　（唐）郭湜撰
開元天寶遺事二卷　（五代）王仁裕撰
續齊諧記一卷　題（南朝梁）吳均撰
海内十洲記一卷　題（漢）東方朔撰
卓異記一卷　題（唐）李翱撰
松漠記聞二卷補遺一卷　（宋）洪皓撰
漢武帝别國洞冥記四卷　題（漢）郭憲撰
白猿傳一卷
碧雲騢一卷　（宋）梅堯臣撰

嘯旨一卷　（唐）韋絢撰
文錄一卷　題（宋）唐庚撰
深雪偶談一卷　（宋）方嶽撰
本事詩一卷　（唐）孟棨撰
德隅齋畫品一卷　（宋）李廌撰
鼎錄一卷　（南朝陳）虞荔撰

集部

九二四 楚辭十七卷（漢）王逸章句　疑字直音補一卷　明隆慶五年豫章夫容館刻本　傅承霖跋　中國國家圖書館

九二五 賈長沙集十卷（漢）賈誼撰　明成化十九年喬縉刻本　傅增湘跋　上海圖書館

九二六 蔡中郎文集十卷外傳一卷（漢）蔡邕撰　明正德十年華堅蘭雪堂銅活字印本　黄丕烈跋　中國國家圖書館

阮嗣宗集二卷（魏）阮籍撰　明嘉靖二十二年范欽　陳德文刻本　中國國家圖書館　九二七

謝宣城詩集五卷（南朝齊）謝朓撰　明末毛氏汲古閣影宋抄本　北京大學圖書館　九二八

梁江文通文集十卷（南朝梁）江淹撰　明刻本　馮舒校並跋　中國國家圖書館　九二九

梁昭明太子文集五卷（南朝梁）蕭統撰　明嘉靖三十四年周滿刻本　中國國家圖書館　九三〇

庾開府詩集四卷（北周）庾信撰　明正德十六年朱承爵存餘堂刻本　中國國家圖書館　九三一

楊盈川集十卷（唐）楊炯撰（明）童佩輯　附錄一卷　明萬曆三年韓邦憲　涂杰刻本　中國國家圖書館　九三二

王勃詩一卷（唐）王勃撰　明活字印本　楊桐鳳跋　中國國家圖書館　九三三

盧照鄰詩一卷（唐）盧照鄰撰　明活字印本　中國國家圖書館　九三四

宋之問集二卷（唐）宋之問撰　明崦西精舍刻本　中國國家圖書館　九三五

張子壽文集二十卷（唐）張九齡撰　明成化九年蘇韡刻本　中國國家圖書館　九三六

顏魯公文集十五卷補遺一卷（唐）顏真卿撰　年譜一卷（宋）留元剛撰　附錄一卷　明嘉靖錫山安氏館銅活字印本　趙元方跋　中國國家圖書館　九三七

李文十八卷（唐）李翺撰　明成化十一年馮孜刻本　中國國家圖書館　九三八

樊川詩集四卷（唐）杜牧撰　明正德十六年江陰朱承爵朱氏文房刻本　趙元方跋　中國國家圖書館　九三九

溫庭筠詩集七卷別集一卷（唐）溫庭筠撰　明弘治十二年李熙刻本　馮長武校並跋　中國國家圖書館　九四〇

唐皮日休文藪十卷（唐）皮日休撰　明正德十五年袁表刻本　周叔弢跋　中國國家圖書館　九四一

唐甫里先生文集二十卷（唐）陸龜蒙撰　明成化二十三年嚴春刻本　周叔弢跋　中國國家圖書館　九四二

忠愍公詩集三卷（宋）寇準撰　明嘉靖十四年蔣鏊刻本　中國國家圖書館　九四三

伊川擊壤集二十卷集外詩一卷（宋）邵雍撰　明初刻本　張蓉鏡　邵淵耀跋　中國國家圖書館　九四四

石湖居士集三十四卷（宋）范成大撰　明弘治十六年金蘭館銅活字印本　中國國家圖書館　九四五

遺山先生文集四十卷（金）元好問撰　附錄一卷　明弘治十一年李瀚刻本　中國國家圖書館　九四六

草廬吴先生文粹五卷（元）吴澄撰　（明）吴訥輯　明宣德九年吴訥刻本　中國國家圖書館　九四七

楚國文憲公雪樓程先生文集三十卷（元）程鉅夫撰　年譜一卷（元）程世京撰　九四八

附錄一卷　明洪武二十八年與耕書堂刻本（卷五至七配明抄本）　顧廣圻影抄缺葉並跋　黄丕烈校　中國國家圖書館

秋聲集十卷（元）黄鎮成撰　明洪武十一年黄鈞刻本　張蓉鏡抄補並跋　方若蘅　錢天樹　李兆洛　祝麒跋　黄廷鑑　蔣寶齡　沈梧　程恩澤　朱昂之題款　中國國家圖書館　九四九

存七卷　一至五　九至十

雁門集八卷（元）薩都剌撰　明成化二十年張習刻本　中國國家圖書館　九五〇

九五一　青陽先生文集九卷　（元）余闕撰　明正統十年高誠刻本　中國國家圖書館

九五二　蛻庵詩四卷　（元）張翥撰　明初刻本　中國國家圖書館

九五三　僑吳集十二卷　（元）鄭元祐撰　附録一卷　明弘治九年張習刻書牘紙印本　黄丕烈　顧廣圻抄補並跋　潘祖蔭　費念慈　葉昌熾跋　中國國家圖書館

九五四　倪雲林先生詩集六卷　（元）倪瓚撰　附録一卷　明天順四年蹇曦刻本　上海圖書館

九五五　鐵崖先生古樂府十六卷　（元）楊維楨撰　明初刻本　上海圖書館

九五六　宋學士文粹十卷補遺一卷　（明）宋濂撰　明洪武十年鄭濟刻本　中國國家圖書館

九五七　覆瓿集二十四卷　（明）劉基撰　明宣德五年劉貊刻本　傅增湘跋　中國國家圖書館

由中國國家圖書館三部藏本配成二十二卷　一至十　十三至二十四

九五八　犂眉公集五卷　（明）劉基撰　明初刻本　繆荃孫跋　中國國家圖書館

蒲山牧唱不分卷 （明）魏觀撰　明成化四年魏銘刻本　中國國家圖書館　九五九

槎翁文集十八卷 （明）劉崧撰　明嘉靖元年徐冠刻本　北京大學圖書館　九六〇

清江貝先生文集三十卷詩集十卷詩餘一卷 （明）貝瓊撰　明洪武刻本　上海圖書館　九六一

缶鳴集十二卷 （明）高啓撰　明刻本　黄廷鑑跋　上海圖書館　九六二

西庵集十卷 （明）孫蕡撰　明弘治十六年金蘭館銅活字印本　傅增湘跋　中國國家圖書館　九六三

海叟集三卷 （明）袁凱撰　明正德刻本　中國國家圖書館　九六四

蚓竅集十卷 （明）管時敏撰 （明）丁鶴年評　全庵記一卷 （明）周子治撰　明永樂元年楚藩刻本（四庫底本）　上海圖書館　九六五

解學士先生集三十一卷 （明）解縉撰　明天順元年黄諫刻本　中國國家圖書館　九六六

遜志齋集三十卷拾遺十卷 （明）方孝孺撰　附錄一卷　明成化十六年郭紳刻本　上海圖書館　九六七

九六八　楊文定公詩集七卷　(明)楊溥撰　明抄本　南京圖書館

九六九　誠齋錄四卷新錄一卷牡丹百咏一卷梅花百咏一卷玉堂春百咏一卷　(明)朱有燉撰　明嘉靖十二年周藩刻本(誠齋録卷三至四配抄本)　中國國家圖書館

九七〇　菉竹堂稿八卷　(明)葉盛撰　明嘉靖八年葉夢淇刻本　葉恭焕　葉古愚　王禮培跋　上海圖書館

九七一　白沙先生全集二十卷　(明)陳獻章撰　明刻本　中國國家圖書館

九七二　篁墩程先生文集九十三卷拾遺一卷　(明)程敏政撰　明正德二年何歆刻本　丁丙跋　南京圖書館

九七三　吴文定公詩稿不分卷　(明)吴寬撰　稿本　王穀祥題首　王世貞　梁章鉅　韓葑　尤興詩　□廷琛　朱琦題詩　文嘉　王穉登　錢謙益　查禮　石韞玉跋　中國國家圖書館

九七四　石田稿不分卷　(明)沈周撰　稿本　繆曰藻　陳鱣跋　中國國家圖書館

九七五　李氏弘德集三十二卷　(明)李夢陽撰　明嘉靖四年張元學刻本　浙江圖書館

空同集六十三卷（明）李夢陽撰　明嘉靖三十一年朱睦㮮刻本　中國科學院文獻情報中心　九七六

渼陂集十六卷（明）王九思撰　明嘉靖十二年王獻等刻本　北京大學圖書館　九七七

王文成公全書三十八卷（明）王守仁撰　明隆慶六年謝廷傑刻本　北京大學圖書館　九七八

對山集十九卷（明）康海撰　明嘉靖二十四年吳孟祺刻本　中國國家圖書館　九七九

何氏集二十六卷（明）何景明撰　明嘉靖沈氏野竹齋刻本　北京大學圖書館　九八〇

鈐山堂集三十二卷（明）嚴嵩撰　附錄一卷　明嘉靖二十四年自刻本　中國國家圖書館　九八一

鳥鼠山人小集十六卷（明）胡纘宗撰　明嘉靖刻本　北京師範大學圖書館　九八二

太史升庵文集八十一卷（明）楊慎撰　明萬曆十年蔡汝賢刻本　中國國家圖書館　九八三

太師張文忠公集十九卷（明）張孚敬撰　明萬曆四十三年張汝綱　張汝紀等刻本　中國國家圖書館　九八四

九八五 林屋集二十卷（明）蔡羽撰　明嘉靖八年刻本　北京大學圖書館

九八六 遵巖先生文集四十一卷（明）王慎中撰　明嘉靖四十五年劉溱刻本　中國國家圖書館

九八七 重刊校正唐荊川先生文集十二卷（明）唐順之撰　明嘉靖三十四年安如石刻金陵書林重修本　續集六卷奉使集二卷（明）唐順之撰　明唐鶴徵刻本　中國國家圖書館

九八八 龍溪王先生全集二十卷（明）王畿撰　明萬曆十五年蕭良榦刻本　天津圖書館

九八九 陳子兼文稿不分卷（明）陳鎏撰　稿本（清陳德大補目）　蔣鳳藻跋　中國國家圖書館

九九〇 何翰林集二十八卷（明）何良俊撰　明嘉靖四十四年何氏香嚴精舍刻本　中國科學院文獻情報中心

九九一 白雪樓詩集十卷（明）李攀龍撰　明嘉靖四十二年魏裳刻本　清華大學圖書館

九九二 弇州山人讀書後八卷（明）王世貞撰　明刻本　北京大學圖書館

九九三 歸先生文集三十二卷（明）歸有光撰 附錄一卷 明萬曆四年翁良瑜雨金堂刻本 北京大學圖書館

九九四 樵雲詩集一卷（明）朱拱梃撰 明嘉靖刻藍印本 寧波市天一閣博物館

九九五 越吟一卷（明）包大炣撰 明萬曆元年木活字藍印本 中國國家圖書館

九九六 園居雜咏一卷（明）屠隆撰 稿本 錢儀吉 顧蒓 劉逢祿 王闓運 何紹基等跋 中國科學院文獻情報中心

九九七 焦氏澹園集四十九卷（明）焦竑撰 明萬曆三十四年刻本 中國國家圖書館

九九八 四印堂詩稿一卷（明）董其昌撰 稿本 上海博物館

九九九 高子遺書十二卷（明）高攀龍撰 附錄一卷（明）陳龍正輯 明崇禎五年錢士升 陳龍正等刻本 中國國家圖書館

一〇〇〇 汲古閣集四卷（明）毛晉撰 稿本 王振聲校並跋 常熟市圖書館

一〇〇一 唐百家詩一百七十一卷（明）朱警編 唐詩品一卷（明）徐獻忠撰 明嘉靖十九年刻本 北京大學圖書館

一〇〇二 唐詩絶句三卷補唐詩絶句一卷（明）敖英　凌雲輯　明吳興凌氏刻三色套印本　北京大學圖書館

一〇〇三 玉臺新咏十卷（南朝陳）徐陵輯　明崇禎六年趙均刻本　伊秉綬　王霖　葉志詵　屠倬　劉嗣綰　汪喜孫　管同　梅曾亮　鄧瑤　李士棻等題款　陳鴻壽跋　中國國家圖書館

一〇〇四 古歌謠殘稿不分卷（明）范欽輯　稿本　中國國家圖書館

一〇〇五 瀛奎律髓四十九卷（元）方回輯　明成化三年紫陽書院刻本　中國國家圖書館

一〇〇六 詩紀一百三十卷前集十卷外集四卷别集十二卷（明）馮惟訥輯　明嘉靖三十九年甄敬刻本　中國國家圖書館

一〇〇七 篋中集一卷（唐）元結輯　明刻本　繆荃孫校並跋　中國國家圖書館

一〇〇八 國秀集三卷（唐）芮挺章輯　明刻本　中國國家圖書館

一〇〇九 唐御覽詩一卷（唐）令狐楚輯　明趙均抄本　黄丕烈跋　中國國家圖書館

一〇一〇 極玄集一卷 （唐）姚合輯 明毛氏汲古閣影宋抄本 上海圖書館

一〇一一 雅音會編十二卷 （明）康麟輯 明嘉靖二十四年瀋藩勉學書院刻本 中國國家圖書館

一〇一二 西崑酬唱集二卷 （宋）楊億等撰 明嘉靖十六年張綖玩珠堂刻本 中國國家圖書館

一〇一三 雅頌正音五卷 （明）劉仔肩輯 明洪武三年王舉直刻本（四庫底本） 中國國家圖書館

一〇一四 鐫翰林考正國朝七子詩集注解七卷 （明）李攀龍 王世貞等撰 （明）李廷機考正 明萬曆二十二年鄭雲竹宗文書舍刻本 中國國家圖書館

一〇一五 女中七才子蘭咳集五卷 （明）周之標輯 明末刻本 中國國家圖書館

一〇一六 名家詩法八卷 （明）黃省曾編 明嘉靖二十四年結綠囊刻本 首都圖書館

一〇一七 劉子文心雕龍二卷 （南朝梁）劉勰撰 （明）楊慎 曹學佺等批點 注二卷 （明）梅慶生撰 明閔繩初刻五色套印本 北京大學圖書館

一〇一八　**鍾嶸詩品三卷**（南朝梁）鍾嶸撰　明沈氏繁露堂刻本　張蓉鏡跋　中國國家圖書館

一〇一九　**石門洪覺範天廚禁臠三卷**（宋）釋惠洪撰　明活字印本　中國國家圖書館

一〇二〇　**剡溪詩話一卷**（宋）高似孫撰　**歲寒堂詩話一卷**（宋）張戒撰　明正德十二年俞弁抄本　上海圖書館

一〇二一　**精選古今名賢叢話詩林廣記十卷後集十卷**（宋）蔡正孫輯　明弘治十年張鼒刻本　中國國家圖書館

一〇二二　**妙集吟堂詩話三卷**（明）瞿佑撰　明初刻本　南京圖書館

一〇二三　**詩源辯體三十六卷**（明）許學夷撰　稿本　北京大學圖書館

一〇二四　**鍾伯敬先生硃評詞府靈蛇四卷**（明）鍾惺　李光祚輯　明金陵唐建元刻套印本　中國國家圖書館

一〇二五　**幽蘭草三卷**（明）陳子龍　李雯　宋徵輿撰　明崇禎刻本　上海圖書館

一〇二六 宋元名家詞七十種一百卷 明抄本 毛扆校 唐晏跋 北京大學圖書館

一〇二七 宋名家詞六十一種九十卷 （明）毛晉編 明崇禎毛氏汲古閣刻本 陸貽典 黄儀 毛扆 季錫疇 瞿熙邦校並跋 何煌 何元錫校 中國國家圖書館

一〇二八 風雅遺音二卷 （宋）林正大撰 明刻本 黄丕烈 丁丙跋 南京圖書館

一〇二九 桂洲詞一卷 （明）夏言撰 明嘉靖十九年石遷高刻本 中國國家圖書館

一〇三〇 尊前集二卷 明刻本 中國國家圖書館

由中國國家圖書館藏兩明刻本配全

一〇三一 碧雞漫志五卷 （宋）王灼撰 明抄本 錢曾校並跋 中國國家圖書館

一〇三二 詞海評林三卷 （明）毛晉撰 明末抄本 毛扆跋 中國國家圖書館

一〇三三 古本董解元西廂記八卷 明適適子刻本 中國國家圖書館

一〇三四

新刊合併董解元西廂記二卷新刊合併王實甫西廂記二卷（元）王德信撰　明周居易刻本　中國國家圖書館

一〇三五

古今雜劇二百四十二種　明抄本（内十五卷配明刻息機子雜劇選本　五十五卷配明刻古名家雜劇本）　中國國家圖書館

孤雁漢宫秋一卷　（元）馬致遠撰　明刻古名家雜劇本

馬丹陽三度任風子一卷　（元）馬致遠撰　明抄本　趙琦美跋

呂洞賓三醉岳陽樓一卷　（元）馬致遠撰　明刻古名家雜劇本　錢曾抄補

江州司馬青衫淚一卷　（元）馬致遠撰　明刻古名家雜劇本　趙琦美校

半夜雷轟薦福碑一卷　（元）馬致遠撰　明刻古名家雜劇本

西華山陳摶高卧一卷　（元）馬致遠撰　明刻古名家雜劇本

孟浩然踏雪尋梅雜劇一卷　（元）馬致遠撰　明刻息機子雜劇選本

開壇闡教黄粱夢一卷　（元）馬致遠撰　明刻古名家雜劇本

蘇子瞻風雪貶黄州一卷　（元）費唐臣撰　明抄本

四丞相歌舞麗春堂一卷　（元）王德信撰　明刻古名家雜劇本

呂蒙正風雪破窑記一卷　（元）王德信撰　明抄本　趙琦美校並跋

死生交范張鷄黍雜劇一卷　（元）宫天挺撰　明刻息機子雜劇選本　何煌校並跋

杜蘂娘智賞金綫池一卷　（元）關漢卿撰　明刻古名家雜劇本
劉夫人慶賞五侯宴雜劇一卷　（元）關漢卿撰　明刻本　趙琦美校

單刀會一卷　（元）關漢卿撰　明抄本　何煌校
趙盼兒風月救風塵一卷　（元）關漢卿撰　明刻古名家雜劇本

溫太真玉鏡臺一卷　（元）關漢卿撰　明刻古名家雜劇本
望江亭中秋切鱠旦一卷　（元）關漢卿撰　明刻息機子雜劇選本　趙琦美校並跋

錢大尹智寵謝天香一卷　（元）關漢卿撰　明刻古名家雜劇本　趙琦美校
鄧夫人苦育哭存孝雜劇一卷　（元）關漢卿撰　明抄本　趙琦美校

錢大尹智勘緋衣夢一卷　（元）關漢卿撰　明刻古名家雜劇本
包待制三勘蝴蝶夢一卷　（元）關漢卿撰　明刻古名家雜劇本　趙琦美跋

感天動地竇娥冤一卷　（元）關漢卿撰　明刻古名家雜劇本
山神廟裴度還帶雜劇一卷　（元）關漢卿撰　明抄本　趙琦美校並跋

尉遲恭單鞭奪槊一卷　（元）關漢卿撰　明抄本
狀元堂陳母教子雜劇一卷　（元）關漢卿撰　明抄本

唐明皇秋夜梧桐雨一卷　（元）白樸撰　明刻古名家雜劇本
董秀英花月東墻記一卷　（元）白樸撰　明抄本　趙琦美校並跋

裴少俊墻頭馬上一卷　（元）白樸撰　明刻古名家雜劇本　趙琦美校並跋
保成公徑赴澠池會雜劇一卷　（元）高文秀撰　明抄本　趙琦美校並跋

好酒趙元遇上皇一卷　（元）高文秀撰　明抄本　趙琦美校並跋
劉玄德獨赴襄陽會雜劇一卷　（元）高文秀撰　明抄本　趙琦美校並跋

立成湯伊尹耕莘雜劇一卷　（元）鄭德輝撰　明抄本　趙琦美校並跋
鍾離春智勇定齊雜劇一卷　（元）鄭德輝撰　明抄本

㑳梅香騙翰林風月雜劇一卷　（元）鄭德輝撰　明刻息機子雜劇選本
醉思鄉王粲登樓一卷　（元）鄭德輝撰　明刻古名家雜劇本　何煌校並跋

迷青瑣倩女離魂一卷　（元）鄭德輝撰　明刻古名家雜劇本
虎牢關三戰呂布雜劇一卷　（元）鄭德輝撰　明抄本

張子房圯橋進履一卷　（元）李文蔚撰　明抄本　趙琦美校並跋
同樂院燕青博魚雜劇一卷　（元）李文蔚撰　明抄本

破苻堅蔣神靈應雜劇一卷　（元）李文蔚撰　明抄本　趙琦美校並跋
老莊周一枕蝴蝶夢一卷　（元）史樟撰　明抄本　趙琦美校並跋

張孔目智勘魔合羅一卷　（元）孟漢卿撰　明刻古名家雜劇本　趙琦美　何煌校並跋
陶學士醉寫風光好一卷　（元）戴善夫撰　明刻古名家雜劇本

東堂老勸破家子弟雜劇一卷　（元）秦簡夫撰　明刻息機子雜劇選本　趙琦美校並跋
孝義士趙禮讓肥雜劇一卷　（元）秦簡夫撰　明刻息機子雜劇選本

陶母剪髮待賓一卷　（元）秦簡夫撰　明抄本　趙琦美校並跋
宋上皇御斷金鳳釵一卷　（元）鄭廷玉撰　明抄本

布袋和尚忍字記雜劇一卷　(元)鄭廷玉撰　明刻息機子雜劇選本　趙琦美校並跋
楚昭公疏者下船雜劇一卷　(元)鄭廷玉撰　明抄本　趙琦美校並跋
看財奴買冤家債主雜劇一卷　(元)鄭廷玉撰　明刻息機子雜劇選本　趙琦美　何煌校並跋
包龍圖智勘後庭花一卷　(元)鄭廷玉撰　明刻古名家雜劇本
斷冤家債主一卷　(元)鄭廷玉撰　明抄本
宋太祖龍虎風雲會一卷　(元)羅本撰　明刻古名家雜劇本
諸葛亮博望燒屯雜劇一卷　明抄本　趙琦美校並跋
龐涓夜走馬陵道雜劇一卷　明抄本
忠義士豫讓吞炭一卷　明刻古名家雜劇本
錦雲堂美女連環記雜劇一卷　明刻息機子雜劇選本　趙琦美校並跋
蘇子瞻醉寫赤壁賦一卷　明刻古名家雜劇本
鄭月蓮秋夜雲窗夢一卷　明抄本　趙琦美校並跋
王月英元夜留鞋記一卷　(元)曾瑞撰　明刻息機子雜劇選本
河南府張鼎勘頭巾一卷　(元)孫仲章撰　明刻古名家雜劇本　趙琦美校並跋
硃砂擔滴水浮漚記一卷　明抄本　趙琦美校並跋
貨郎旦雜劇一卷　明抄本
敬德不伏老一卷　明抄本
施仁義劉弘嫁婢雜劇一卷　明抄本　趙琦美校並跋

劉千病打獨角牛雜劇一卷　明抄本　趙琦美校並跋
斷殺狗勸夫一卷　明抄本　顯河之跋
大婦小妻還牢末一卷　明抄本
講陰陽八卦桃花女雜劇一卷　明抄本　趙琦美校並跋
玎玎璫璫盆兒鬼雜劇一卷　明抄本
劉玄德醉走黄鶴樓雜劇一卷　明抄本　趙琦美校並跋
玉清庵錯送鴛鴦被一卷　明刻古名家雜劇本
關雲長千里獨行一卷　明抄本
孟光女舉案齊眉雜劇一卷　明抄本
雁門關存孝打虎一卷　明抄本　趙琦美校並跋
狄青復奪衣襖車雜劇一卷　明抄本　趙琦美校並跋
閥閱舞射柳蕤丸記雜劇一卷　明抄本　趙琦美校並跋
百花亭一卷　明抄本　董其昌跋
龍濟山野猿聽經一卷　明刻古名家雜劇本
二郎神醉射鎖魔鏡一卷　明刻古名家雜劇本
漢鍾離度脱藍彩和一卷　明刻古名家雜劇本
李雲英風送梧桐葉一卷　明刻古名家雜劇本
摩利支飛刀對箭雜劇一卷　明抄本　趙琦美校並跋

降桑椹蔡順奉母雜劇一卷　明抄本　趙琦美校並跋
羅李郎大鬧相國寺一卷　（元）張國賓撰　明刻古名家雜劇本
馬丹陽度脱劉行首一卷　（元）楊景賢撰　明刻古名家雜劇本
趙匡義智娶符金錠一卷　明刻息機子雜劇選本　趙琦美校並跋
包待制智賺生金閣一卷　明刻息機子雜劇選本　趙琦美校並跋
包待制智斬魯齋郎一卷　（元）關漢卿撰　明刻古名家雜劇本　趙琦美校並跋
張公藝九世同居雜劇一卷　明刻息機子雜劇選本　趙琦美校並跋
獨步大羅天一卷　明抄本　趙琦美校並跋
卓文君私奔相如一卷　明抄本　趙琦美校並跋
劉晨阮肇誤入天台一卷　（明）王子一撰　明刻息機子雜劇選本　趙琦美校並跋
黄廷道夜走流星馬一卷　（明）黄元吉撰　明抄本　趙琦美校並跋
呂洞賓三度城南柳一卷　（明）谷子敬撰　明刻古名家雜劇本　趙琦美校並跋
鐵拐李度金童玉女一卷　（明）賈仲名撰　明刻古名家雜劇本　趙琦美校並跋
呂洞賓桃柳升仙夢一卷　（明）賈仲名撰　明刻古名家雜劇本
蕭淑蘭情寄菩薩蠻一卷　（明）賈仲名撰　明刻古名家雜劇本　趙琦美校並跋
荆楚臣重對玉梳一卷　（明）賈仲名撰　明刻古名家雜劇本
翠紅鄉兒女兩團員雜劇一卷　（明）楊文奎撰　明刻息機子雜劇選本
洞天玄記一卷　（明）楊慎撰　明刻古名家雜劇本

司馬入相傳奇一卷　（明）桑紹良撰　明抄本
灌將軍使酒罵座記一卷　（明）葉憲祖撰　明刻古名家雜劇本
金翠寒衣記一卷　（明）葉憲祖撰　明刻古名家雜劇本
漁陽三弄一卷　明刻古名家雜劇本
玉通和尚罵紅蓮一卷　明刻古名家雜劇本
月明和尚度柳翠一卷　明刻古名家雜劇本
木蘭女一卷　明刻古名家雜劇本
黄宗嘏女狀元一卷　明刻古名家雜劇本
僧尼共犯傳奇一卷　明抄本
東華仙三度十長生一卷　（明）朱有燉撰　明刻古名家雜劇本
群仙慶壽蟠桃會一卷　（明）朱有燉撰　明刻古名家雜劇本
呂洞賓花月神仙會一卷　（明）朱有燉撰　明刻古名家雜劇本
惠禪師三度小桃紅一卷　（明）朱有燉撰　明抄本
張天師明斷辰鉤月一卷　（明）朱有燉撰　明抄本　趙琦美校並跋
洛陽風月牡丹仙一卷　（明）朱有燉撰　明抄本　趙琦美校並跋
清河縣繼母大賢一卷　（明）朱有燉撰　明刻古名家雜劇本
趙貞姬身後團圓夢一卷　（明）朱有燉撰　明刻古名家雜劇本
劉盼春守志香囊怨一卷　（明）朱有燉撰　明刻古名家雜劇本

李亞仙花酒曲江池一卷　（明）朱有燉撰　明刻古名家雜劇本
紫陽仙三度常椿壽一卷　（明）朱有燉撰　明刻古名家雜劇本
福祿壽仙官慶會一卷　（明）朱有燉撰　明抄本
十美人慶賞牡丹園一卷　（明）朱有燉撰　明抄本
善知識苦海回頭一卷　（明）朱有燉撰　明刻古名家雜劇本
瑶池會八仙慶壽雜劇一卷　（明）朱有燉撰　明抄本
黑旋風伏義疏財雜劇一卷　（明）朱有燉撰　明抄本
伍子胥鞭伏柳盜跖雜劇一卷　明抄本
十八國臨潼關寳雜劇一卷　明抄本　趙琦美校並跋
田穰苴伐晉興齊雜劇一卷　明抄本　趙琦美校並跋
後七國樂毅圖齊雜劇一卷　明抄本　趙琦美校並跋
吳起敵秦掛帥印雜劇一卷　明抄本
守貞節孟母三移雜劇一卷　明抄本　趙琦美校並跋　董其昌跋
漢公卿衣錦還鄉雜劇一卷　明抄本　趙琦美校並跋
運機謀隋何騙英布雜劇一卷　明抄本　趙琦美校並跋
隨何賺風魔蒯徹雜劇一卷　明抄本　趙琦美校並跋
韓元帥暗度陳倉雜劇一卷　明抄本　趙琦美校並跋
司馬相如題橋記一卷　明抄本　趙琦美校並跋

馬援撾打聚獸牌雜劇一卷　明抄本　趙琦美校並跋
雲臺門聚二十八將雜劇一卷　明抄本　趙琦美校並跋
漢姚期大戰邳仝雜劇一卷　明抄本　趙琦美校並跋
孝義士趙禮讓肥雜劇一卷　明抄本　趙琦美校並跋
寇子翼定時捉將雜劇一卷　明抄本
鄧禹定計捉彭寵雜劇一卷　明抄本　趙琦美校並跋
十樣錦諸葛論功雜劇一卷　明抄本
曹操夜走陳倉路雜劇一卷　明抄本
陽平關五馬破曹雜劇一卷　明抄本　趙琦美校並跋
走鳳雛龐統掠四郡雜劇一卷　明抄本　趙琦美校並跋
周公瑾得志娶小喬雜劇一卷　明抄本　趙琦美校並跋
張翼德單戰呂布雜劇一卷　明抄本　趙琦美校並跋
莽張飛大鬧石榴園雜劇一卷　明抄本
關雲長單刀劈四寇雜劇一卷　明抄本
壽亭侯怒斬關平雜劇一卷　明抄本
關雲長大破蚩尤雜劇一卷　明抄本　趙琦美校並跋
劉關張桃園三結義雜劇一卷　明抄本
張翼德三出小沛一卷　明抄本

張翼德大破杏林莊雜劇一卷　明抄本

陶淵明東籬賞菊雜劇一卷　明抄本

長安城四馬投唐雜劇一卷　明抄本

立功勳慶賞端陽雜劇一卷　明抄本　趙琦美校並跋

賢達婦龍門隱秀雜劇一卷　明抄本

招涼亭賈島破風詩雜劇一卷　明抄本

衆僚友喜賞浣花溪一卷　明抄本　趙琦美校並跋

魏徵改詔風雲會雜劇一卷　明抄本

程咬金斧劈老君堂雜劇一卷　明抄本　董其昌跋

徐茂公智降秦叔寶雜劇一卷　明抄本　趙琦美校並跋

小尉遲將鬭將將鞭認父雜劇一卷　明抄本　趙琦美校並跋

尉遲恭鞭打單雄信一卷　明抄本

十八學士登瀛洲一卷　明抄本　趙琦美校並跋

唐李靖陰山破虜雜劇一卷　明抄本

李嗣源復奪紫泥宣雜劇一卷　明抄本

飛虎峪存孝打虎雜劇一卷　明抄本　趙琦美校並跋

壓關樓疊掛午時牌雜劇一卷　明抄本

存仁心曹彬下江南雜劇一卷　明抄本

八大王開詔救忠臣雜劇一卷　明抄本　趙琦美校並跋
楊六郎調兵破天陣雜劇一卷　明抄本
焦光贊活拏蕭天佑雜劇一卷　明抄本
宋大將岳飛精忠雜劇一卷　明抄本　趙琦美校並跋
十探子大鬧延安府雜劇一卷　明抄本　趙琦美校並跋
張于湖誤宿女真觀一卷　明抄本　趙琦美校並跋
女學士明講春秋一卷　明抄本　趙琦美校並跋
趙匡胤打董達雜劇一卷　明抄本　趙琦美校並跋
穆陵關上打韓通雜劇一卷　明抄本
相國寺公孫汗衫記雜劇一卷　明抄本　趙琦美校並跋
海門張仲村樂堂雜劇一卷　明抄本　趙琦美校並跋
王閏香夜月四春園雜劇一卷　明抄本
女姑姑説法升堂記雜劇一卷　明抄本　趙琦美校並跋
清廉官長勘金環雜劇一卷　明抄本
雷澤遇仙記一卷　明抄本　趙琦美校並跋
若耶溪漁樵閒話一卷　明抄本
徐伯株貧富興衰記一卷　明抄本
薛包認母一卷　明抄本

認金梳孤兒尋母一卷　明抄本　趙琦美校
四時花月賽嬌容一卷　明抄本
王文秀渭塘奇遇記一卷　明抄本　趙琦美校並跋
月夜淫奔記一卷　明抄本　趙琦美校並跋
風月南牢記一卷　明抄本　趙琦美校並跋
秦月娥誤失金環記一卷　明抄本　趙琦美校並跋
釋迦佛雙林坐化一卷　明抄本　趙琦美校
觀音菩薩魚籃記雜劇一卷　明抄本　趙琦美校並跋
許真人拔宅飛升雜劇一卷　明抄本　趙琦美校並跋
孫真人南極登仙會雜劇一卷　明抄本　趙琦美校並跋
呂翁三化邯鄲店一卷　明抄本　趙琦美校並跋
呂純陽點化度黃龍雜劇一卷　明抄本　趙琦美校並跋
邊洞玄慕道升仙雜劇一卷　明抄本　趙琦美校並跋
李雲卿得悟升真雜劇一卷　明抄本　趙琦美校並跋
王蘭卿服姓明真傳一卷　明抄本
太平仙記一卷　明抄本
瘸李岳詩酒翫江亭雜劇一卷　明抄本
太乙仙夜斷桃符記一卷　明抄本　趙琦美校並跋

南極星度脱海棠仙一卷　明抄本　趙琦美校並跋
張天師斷風花雪月雜劇一卷　(元)吴昌齡撰　明抄本
時真人四聖鎖白猿雜劇一卷　明抄本
猛烈那吒三變化雜劇一卷　明抄本
二郎神鎖齊天大聖雜劇一卷　明抄本　趙琦美校並跋
灌口二郎斬健蛟雜劇一卷　明抄本　趙琦美校並跋
二郎神射鎖魔鏡雜劇一卷　明抄本　趙琦美校並跋
魯智深喜賞黄花峪一卷　明抄本　趙琦美校
梁山五虎大劫牢雜劇一卷　明抄本　趙琦美校並跋
梁山七虎鬧銅臺雜劇一卷　明抄本　趙琦美校並跋
王矮虎大鬧東平府雜劇一卷　明抄本　趙琦美校並跋
宋公明排九宫八卦陣雜劇一卷　明抄本
黑旋風雙獻功雜劇一卷　明抄本
奉天命三保下西洋雜劇一卷　明抄本　趙琦美校並跋
寶光殿天真祝萬壽雜劇一卷　明抄本　趙琦美校並跋
衆群仙慶賞蟠桃會雜劇一卷　(明)朱有燉撰　明抄本　趙琦美校並跋
祝聖壽金母獻蟠桃雜劇一卷　明抄本　趙琦美校並跋
降丹墀三聖慶長生一卷　明抄本　趙琦美校並跋

衆神聖慶賀元宵節一卷　明抄本　趙琦美校並跋
祝聖壽萬國來朝一卷　明抄本
爭玉板八仙過滄海雜劇一卷　明抄本　趙琦美校並跋
慶豐年五鬼鬧鍾馗雜劇一卷　明抄本　趙琦美校並跋
河嵩神靈芝慶壽一卷　明抄本　趙琦美跋
紫薇宮慶賀長春壽一卷　明抄本　趙琦美校並跋
賀萬壽五龍朝聖雜劇一卷　明抄本　趙琦美校並跋
衆天仙慶賀長生會雜劇一卷　明抄本　趙琦美校並跋
慶冬至共享太平宴雜劇一卷　明抄本　趙琦美校並跋
賀升平群仙祝壽雜劇一卷　明抄本
慶千秋金母賀延年雜劇一卷　明抄本　趙琦美校並跋
廣成子祝賀齊天壽雜劇一卷　明抄本　趙琦美校並跋
黃眉翁賜福上延年雜劇一卷　明抄本　趙琦美校並跋
感天地群仙朝聖雜劇一卷　明抄本

元曲選一百種一百卷（明）臧懋循編　**論曲一卷**（明）陶宗儀等撰　**元曲論一卷**　明萬曆刻本　中國國家圖書館　一〇三六

古雜劇二十種二十卷

（明）王驥德編　明顧曲齋刻本　中國國家圖書館

望江亭中秋切鱠旦一卷　（元）關漢卿撰
溫太真玉鏡臺一卷　（元）關漢卿撰
錢大尹智勘緋衣夢一卷　（元）關漢卿撰
白敏中傷梅香一卷　（元）鄭德輝撰
玉簫女兩世姻緣一卷　（元）喬吉撰
江州司馬青衫淚一卷　（元）馬致遠撰
洞庭湖柳毅傳書一卷　（元）尚賢仲撰
李太白匹配金錢記一卷　（元）喬吉撰
李亞仙花酒曲江池一卷　（元）石君寶撰
蕭淑蘭情寄菩薩蠻一卷　（明）賈仲名撰
迷青鎖倩女離魂一卷　（元）鄭德輝撰
杜蘂娘智賞金綫池一卷　（元）關漢卿撰
臨江驛瀟湘夜雨一卷　（元）楊顯之撰
荆楚臣重對玉梳一卷　（元）賈仲名撰
李雲英風送梧桐葉一卷　（元）喬吉撰
漢元帝孤雁漢宮秋一卷　（元）馬致遠撰

唐明皇秋夜梧桐雨一卷　（元）白樸撰
秦修然竹塢聽琴一卷　（元）石子章撰
宋太祖龍虎風雲會一卷　（元）羅本撰
謝金蓮詩酒紅梨花一卷　（元）張壽卿撰

盛明雜劇三十卷（明）沈泰編　明崇禎刻本　中國國家圖書館

高唐夢一卷　（明）汪道昆撰
五湖遊一卷　（明）汪道昆撰
遠山戲一卷　（明）汪道昆撰
洛水悲一卷　（明）汪道昆撰
漁陽三弄一卷　（明）徐渭撰
翠鄉夢一卷　（明）徐渭撰
雌木蘭一卷　（明）徐渭撰
女狀元一卷　（明）徐渭撰
昭君出塞一卷　（明）陳與郊撰
文姬入塞一卷　（明）陳與郊撰
袁氏義犬一卷　（明）陳與郊撰
顧亭秋一卷　（明）沈自徵撰

鞭歌妓一卷　（明）沈自徵撰
簪花髻一卷　（明）沈自徵撰
北邙説法一卷　（明）葉憲祖撰
團花鳳一卷　（明）葉憲祖撰
桃花人面一卷　（明）孟稱舜撰
死裏逃生一卷　（明）孟稱舜撰
中山狼一卷　（明）康海撰
鬱輪袍一卷　（明）王衡撰
紅綫女一卷　（明）梁辰魚撰
崑崙奴一卷　（明）梅鼎祚撰
花舫緣一卷　（明）孟稱舜撰
春波影一卷　（明）徐翽撰
廣陵月一卷　（明）汪廷訥撰
真傀儡一卷
男王后一卷　題秦樓外史撰
再生緣一卷　題衡蕪室撰
一文錢一卷　題破慳道人撰
齊東絶倒一卷　題竹痴居士撰

盛明雜劇二集三十卷（明）沈泰編　明崇禎刻本　中國國家圖書館

風月牡丹僊一卷　（明）朱有燉撰
香囊怨一卷　（明）朱有燉撰
武陵春一卷　（明）許潮撰（一作楊慎撰）
蘭亭會一卷　（明）許潮撰
寫風情一卷　（明）許潮撰
午日吟一卷　（明）許潮撰
南樓月一卷　（明）許潮撰
赤壁遊一卷　（明）許潮撰
龍山宴一卷　（明）許潮撰
同甲會一卷　（明）許潮撰
易水寒一卷　（明）葉憲祖撰
夭桃紈扇一卷　（明）葉憲祖撰
碧蓮繡符一卷　（明）葉憲祖撰
丹桂鈿合一卷　（明）葉憲祖撰
素梅玉蟾一卷　（明）葉憲祖撰
有情痴一卷　（明）徐陽輝撰

脱囊穎一卷　（明）徐陽輝撰
曲江春一卷　（明）王九思撰
魚兒佛一卷　（明）寓山居士撰
雙鶯傳一卷　（明）袁于令撰
不伏老一卷　（明）馮惟敏撰
虬髯翁一卷　（明）凌濛初撰
英雄成敗一卷　（明）孟稱舜撰
紅蓮債一卷　（明）陳汝元撰
絡氷絲一卷　（明）徐翽撰
錯轉輪一卷　（明）祁元孺撰
蕉鹿夢一卷　（明）車任遠撰
櫻桃園一卷　（明）王澹撰
逍遥遊一卷　（明）王應遴撰
相思譜一卷　（明）吳中情奴撰

一〇四〇　新校注古本西廂記五卷（元）王德信撰　（明）王驥德校注　彙考一卷（明）王驥德撰　明萬曆四十二年王氏香雪居刻本　中國國家圖書館

張深之先生正北西廂秘本五卷（元）王德信　關漢卿撰　（明）張深之校正　明崇禎刻本　中國國家圖書館　一〇四一

西廂記五卷（元）王德信　關漢卿撰（明）凌濛初評　解證五卷（明）凌濛初撰　會真記一卷（唐）元稹撰

附錄一卷　明凌濛初刻朱墨套印本　中國國家圖書館　一〇四二

誠齋雜劇三十一卷（明）朱有燉撰　明永樂宣德正統間自刻本　中國國家圖書館　一〇四三

由中國國家圖書館兩部藏本配全

徐文長四聲猿四卷（明）徐渭撰　袁宏道評點　明萬曆四十二年鍾人傑刻本　中國國家圖書館　一〇四四

新刊重訂出相附釋標注拜月亭記二卷（元）施惠撰　明萬曆十七年唐氏世德堂刻本　中國國家圖書館　一〇四五

琵琶記三卷（元）高明撰　明萬曆二十五年汪光華玩虎軒刻本　中國國家圖書館　一〇四六

新刊出像音注增補劉智遠白兔記二卷　明金陵唐氏富春堂刻本　中國國家圖書館　一〇四七

一〇四八 古本荆釵記二卷（明）朱權撰　屠隆評　明刻本　吳梅　金兆蕃跋　中國國家圖書館

一〇四九 新編林冲寶劍記二卷（明）李開先撰　明嘉靖二十六年自刻本　中國國家圖書館

一〇五〇 繡襦記四卷（明）薛近兖撰　明刻朱墨套印本　中國國家圖書館

一〇五一 玉茗堂四種傳奇八卷（明）湯顯祖撰　臧懋循訂　明刻清乾隆二十六年書業堂重修本　中國國家圖書館

還魂記二卷
紫釵記二卷
邯鄲記二卷
南柯記二卷

一〇五二 李卓吾先生批評紅拂記二卷（明）張鳳翼撰　李贄評　明容與堂刻本　中國國家圖書館

一〇五三 新鐫女貞觀重會玉簪記二卷（明）高濂撰　明刻本　鄭振鐸跋　中國國家圖書館

一〇五四 石巢傳奇四種八卷（明）阮大鋮撰　明末吳門毛恒所刻本　吳梅跋　中國國家圖書館

咏懷堂新編勘蝴蝶雙金榜記二卷
咏懷堂新編燕子箋記二卷
咏懷堂新編十錯認春燈迷記二卷
遥集堂新編馬郎俠牟尼合記二卷

一〇五五 新鐫全像藍橋玉杵記二卷 題（明）雲水道人撰 附一卷 明萬曆三十四年浣月軒刻本 中國國家圖書館

一〇五六 綠牡丹傳奇二卷（明）吳炳撰 明末兩衡堂刻粲花齋新樂府本 中國國家圖書館

一〇五七 八義記二卷明珠記二卷鳴鳳記二卷（明）毛晉編 明末毛氏汲古閣繡刻演劇初印本 首都圖書館

一〇五八 彩筆情辭十二卷（明）張栩輯 明天啓四年刻本 中國國家圖書館

一〇五九 雲莊張文忠公休居自適小樂府一卷（元）張養浩撰 明成化十九年邊寧刻本 北京大學圖書館

一〇六〇 沜東樂府二卷（明）康海撰 明嘉靖三年康浩刻本 中國國家圖書館

一〇六一 坐隱先生精訂陳大聲樂府全集七種十二卷（明）陳鐸撰 汪廷訥訂 明萬曆三十九年汪氏環翠

堂刻本　中國國家圖書館

坐隱先生精訂梨雲寄傲二卷
坐隱先生精訂可雪齋稿二卷
坐隱先生精訂月香亭稿二卷
坐隱先生精訂秋碧軒稿二卷
坐隱先生精訂納錦郎傳奇一卷
坐隱先生精訂太平樂事一卷
坐隱先生精訂草堂餘意二卷

一〇六二

四詞宗合刻五卷

明汪氏環翠堂刻本　中國國家圖書館

坐隱先生精訂金白嶼蕭爽齋樂府一卷　（明）金鑾撰
坐隱先生精訂馮海浮山堂詞稿二卷　（明）馮惟敏撰
坐隱先生精訂王西樓樂府一卷　（明）王磐撰
坐隱先生精訂梁少白江東白苧一卷　（明）梁辰魚撰

一〇六三

詞林摘艷十卷

（明）張祿輯　明嘉靖三十年徽藩刻本　曹元忠　吳梅跋　中國國家圖書館

雍熙樂府二十卷（明）郭勛輯　明嘉靖十九年楚藩刻本　北京大學圖書館　一〇六四

新鐫歌林拾翠六卷　題粲花主人輯　西湖漫史點評　明崇禎刻本　中國國家圖書館　一〇六五

曲律四卷（明）王驥德撰　明天啓四年毛以燧刻本　中國國家圖書館　一〇六六

中原音韻二卷（元）周德清撰　明刻本　中國國家圖書館　一〇六七

遠山堂劇品一卷（明）祁彪佳撰　明末祁氏遠山堂抄本　中國國家圖書館　一〇六八

遠山堂曲品一卷（明）祁彪佳撰　稿本　祁晉批　中國國家圖書館　一〇六九

錄鬼簿二卷（元）鍾嗣成撰　續編一卷　明抄本　鄭振鐸跋　中國國家圖書館　一〇七〇

虞初志三十二卷（明）陸采編　明弦歌精舍如隱草堂刻本　中國國家圖書館　一〇七一

續齊諧記一卷　題（南朝梁）吳均撰

集異記二卷　（唐）薛用弱撰

離魂記一卷
虬髯客傳一卷　題(唐)張説撰
柳毅傳一卷　(唐)李朝威撰
紅綫傳一卷
長恨傳一卷　(唐)陳鴻撰
韋安道傳一卷
周秦行記一卷　(唐)韋瓘撰
枕中記一卷　(唐)沈既濟撰
南柯記一卷
嵩岳嫁女記一卷
廣陵妖亂志一卷
崔少玄傳一卷
南岳魏夫人傳一卷
無雙傳一卷
謝小娥傳一卷　(唐)李公佐撰
楊娼傳一卷
李娃傳一卷　(唐)白行簡撰
鶯鶯傳一卷　(唐)元稹撰

霍小玉傳卷 （唐）蔣防撰
柳氏傳一卷
非煙傳一卷 （唐）皇甫放撰
高力士外傳一卷 （唐）郭湜撰
東城老父傳一卷
古鏡記一卷 （唐）王度撰
冥音錄一卷
任氏傳一卷
蔣琛傳一卷
東陽夜怪錄一卷
白猿傳一卷

一〇七二

新增補相剪燈新話大全四卷附錄一卷（明）瞿祐撰 **新增全相湖海新奇剪燈餘話大全四卷**（明）李昌祺撰 明正德六年楊氏清江書堂刻本 中國國家圖書館

一〇七三

幽怪詩譚六卷 題（明）碧山卧樵纂輯 明末刻本 南京大學圖書館 中國國家圖書館

由南京大學圖書館與中國國家圖書館配全國圖 十二幅插圖其餘用南大本

一〇七四
西湖二集三十四卷西湖秋色一百韻一卷（明）周楫撰　明末雲林聚錦堂刻本　北京大學圖書館

一〇七五
雨窗集五種欹枕集七種（明）洪楩輯　明清平山堂刻本　北京大學圖書館

一〇七六
三國志通俗演義二十四卷（明）羅本撰　明嘉靖元年刻本（卷十六　十九前半　二十二配複印本）　甘肅省圖書館

一〇七七
新刊校正古本出像大字音釋三國志通俗演義十二卷
（明）羅本撰　明萬曆金陵周曰校刻本　北京大學圖書館

一〇七八
新刻考訂按鑑通俗演義全像三國志傳二十卷附錄一卷
（明）羅本撰　明天啓三年黄正甫刻本　中國國家圖書館

一〇七九
新刊大宋宣和遺事四卷明金陵王氏洛川刻本　韻蒔齋校並跋　中國國家圖書館

李卓吾先生批評忠義水滸傳一百卷引首一卷（元）施耐庵撰（明）李贄評　明容與堂刻本　中國國家圖書館　一〇八〇

第五才子書施耐庵水滸傳七十五卷七十回（元）施耐庵撰（清）金人瑞評　明崇禎貫華堂刻本　清華大學圖書館　一〇八一

清代編

經部

鄭學十八種七十二卷（漢）鄭玄撰 （清）孔廣林輯 清抄本 中國國家圖書館

六藝論一卷
周易注十二卷
尚書注十卷
尚書中侯注六卷
尚書大傳注四卷
毛詩譜一卷

三禮目錄一卷
答臨孝存周禮難一卷
魯禮禘祫義一卷
喪服變除一卷
箴左氏膏肓一卷
發公羊墨守一卷
釋穀梁廢疾一卷
論語注十卷
論語篇目弟子一卷
駁五經異義十卷
附鄭志八卷　（魏）鄭小同等撰
孝經解一卷
叙録一卷　（清）孔廣林撰

周易集傳八卷（元）龍仁夫撰　清影元抄本　盛百二跋　上海圖書館　一〇八三

周易本義辨證六卷附録一卷（清）惠棟撰　手稿本　上海圖書館　一〇八四

雕菰樓易學四十卷（清）焦循撰　稿本　中國國家圖書館　一〇八五

十翼後錄七卷（清）黄以周撰　稿本　清華大學圖書館　一〇八六

毛詩稽古編三十卷（清）陳啓源撰　清抄本　錢坫校　中國國家圖書館　一〇八七

儀禮疏五十卷（唐）賈公彦等撰　清黄氏士禮居影宋抄本　中國國家圖書館　一〇八八
存四十四卷　一至三十一　三十八至五十

儀禮蠡測簽注二卷（清）翁方綱撰　稿本　馮敏昌跋　韋協夢　翁方綱　江德量　王嵩高　趙懷玉　吳錫麟　顧宗泰　張雲璈　汪庚等題詩　中國國家圖書館　一〇八九

禮記訓纂四十九卷（清）朱彬撰　稿本　王念孫箋識並跋　王引之箋識　中國國家圖書館　一〇九〇

大戴禮記補注十三卷序錄一卷（清）孔廣森撰　清乾隆五十九年孔廣廉刻本　趙春沂校跋並錄盧文弨　孫志祖　丁杰　王念孫　阮元　嚴元照校　丁丙跋　南京圖書館　一〇九一

五禮通考二百六十二卷目録二卷首四卷（清）秦蕙田撰　清乾隆十八年秦氏味經窩刻本　秦蕙田　盧文弨　姚鼐校　王大隆跋　復旦大學圖書館　一〇九二

律呂正義上編二卷下編二卷續編一卷（清）允祉等撰　清康熙内府銅活字印本　遼寧省圖書館　一〇九三

古今樂府聲律源流考一卷（清）吴騫輯　稿本　上海圖書館　一〇九四

左氏古義六卷（清）臧壽恭撰　清勞氏丹鉛精舍抄本　勞格校並跋　中國國家圖書館　一〇九五

論語古訓十卷（清）陳鱣撰　清乾隆六十年簡莊刻本　李慈銘注　中國國家圖書館　一〇九六

六藝論一卷（漢）鄭玄撰　（清）陳鱣輯　清乾隆四十九年陳氏裕德堂刻本　中國國家圖書館　一〇九七

九經古義十六卷（清）惠棟撰　清乾隆潮陽縣署刻本　嚴元照校並跋　上海圖書館　一〇九八

古經解鉤沉三十卷（清）余蕭客撰　清乾隆刻本（四庫底本）　吉林省圖書館　一〇九九

一一〇〇 通雅五十二卷首三卷（清）方以智撰　清康熙五年姚氏浮山此藏軒刻本　中國國家圖書館

一一〇一 續方言二卷（清）戴震撰　稿本　清華大學圖書館

一一〇二 說文解字注三十卷六書音均表五卷（清）段玉裁撰　清乾隆嘉慶間段氏經韻樓刻本　張文虎　唐仁壽批注　中國國家圖書館

一一〇三 說文解字段注考正十五卷（清）馮桂芬撰　稿本　蘇州圖書館

一一〇四 五經文字三卷（唐）張參撰　清初席氏釀華草堂影宋抄本　中國國家圖書館

一一〇五 類篇十五卷（宋）司馬光等撰　清初毛氏汲古閣影宋抄本　上海圖書館

一一〇六 班馬字類補遺五卷（宋）李曾伯撰　清初毛氏汲古閣影宋抄本　中國國家圖書館

一一〇七 字鑑五卷（元）李文仲編　清初毛氏汲古閣影元抄本　何煌校　中國國家圖書館

重續千字文二卷（宋）葛剛正撰並篆注　清影宋抄本　中國國家圖書館　一一〇八
回回館譯語一卷清初刻本　中國國家圖書館　一一〇九
西番譯語一卷清初刻本　中國國家圖書館　一一一〇
譯語不分卷清袁氏貞節堂抄本　周星詒跋　中國國家圖書館　一一一一
高昌館譯書一卷清初刻本　中國國家圖書館　一一一二
聲韻考四卷（清）戴震撰　手稿本　李文藻　段玉裁　孔廣森校　上海圖書館　一一一三

史部

史記考證七卷（清）杭世駿撰　清抄本　中國國家圖書館　一一一四

史記志疑三十六卷（清）梁玉繩撰　清乾隆刻本　李慈銘校並跋　中國國家圖書館　一一一五

東觀漢記二十四卷　清抄本（武英殿聚珍版叢書底本）　中國國家圖書館　一一一六

後漢書補注二十四卷（清）惠棟撰　稿本　顧廣圻跋　北京大學圖書館　一一一七

三國志注補六十五卷（清）趙一清撰　稿本　中國國家圖書館　一一一八

西夏書□□卷（清）周春撰　清抄本　中國國家圖書館　一一一九
存十卷五至七　九至十　又一　列傳一至四

遼史拾遺二十四卷（清）厲鶚撰　續三卷（清）楊復吉撰　清抄本　中國國家圖書館　一一二〇

金史補闕四十卷（清）杭世駿撰　清抄本　北京師範大學圖書館　一一二一

一一二二 元史新編不分卷（清）魏源撰　清抄本　王先謙批校　武漢大學圖書館

一一二三 明史稿不分卷（清）萬斯同撰　稿本　寧波市天一閣博物館

存列傳

一一二四 蒙古通鑑長編四卷補編一卷（清）王先謙撰　稿本　湖南省圖書館

一一二五 靖海紀不分卷（清）施琅撰　清活字印本　遼寧省圖書館

一一二六 大金國志四十卷題（宋）宇文懋昭撰　清盧文弨家抄本　盧文弨校　中國國家圖書館

一一二七 元朝秘史十五卷清抄本　翁同書跋　中國國家圖書館

一一二八 明季野史三十四種三十六卷清抄本　中國國家圖書館

癸巳小春入長沙記一卷（清）丁大任撰

恩恤諸公志略一卷（明）孫慎行撰

孫愷陽先生殉城論一卷
兩廣記略一卷　（明）華復蠡撰
孫愷陽先生前後督師略跋一卷　（明）蔡鼎撰
繡江集一卷　（清）范樹鍭撰
輶軒記事一卷　（明）姜曰廣撰
丙申日紀一卷　（明）顧偉南撰
永曆紀事一卷　（清）丁大任撰
江陵紀事一卷
東林事略一卷
東林紀事本末論一卷
督師袁崇煥計斬毛文龍始末一卷
崇禎甲申燕都紀變實錄一卷　（明）錢邦芑撰
甲申三月忠逆諸臣紀事一卷
閩遊月記一卷　（明）華廷獻撰
江變紀事一卷　（清）徐世溥撰
殘明紀事一卷　（清）羅謙撰
粵遊見聞一卷　（明）瞿共美撰
行在陽秋二卷　（明）劉湘客撰

也是錄一卷　（明）鄧凱撰
求野錄一卷　（明）鄧凱撰
賜姓始末一卷
幸存錄二卷　（明）夏允彝撰
續幸存錄一卷　（明）夏完淳撰
四王傳一卷
寧南侯左良玉舉兵東下請誅馬阮疏一卷　（明）左良玉撰
左寧南侯請除君側奸惡檄文一卷　（明）左良玉撰
東明聞見錄一卷　（明）瞿共美撰
嘉定屠城紀略一卷　（清）朱子素撰　鄧邦述跋
揚州十日記一卷　（明）王秀楚撰
青燐屑一卷　（明）應喜臣撰
倣指南錄一卷　（明）康范生撰
續明季遺聞一卷　（清）汪光復撰

靳文襄公奏疏八卷（清）靳輔撰　清雍正初靳治豫刻本　中國國家圖書館　一一二九

南陵無雙譜一卷（清）金古良撰　清康熙刻本　鄭振鐸跋　中國國家圖書館　一一三〇

方輿考證一百卷首一卷（清）許鴻磐撰　稿本　西南大學圖書館　一一三一
存九十卷　一至十二　十四至九十一

元和郡縣圖志四十卷（唐）李吉甫纂修　清初抄本　中國國家圖書館　一一三二
存三十四卷　一至十八　二十一至二十二　二十五至三十四　三十七至四十

歷代宅京記二十卷（清）顧炎武撰　清抄本　張敦仁校並跋　丁杰跋　中國國家圖書館　一一三三

内府輿地全圖八册不分卷　清康熙刻本　中國國家圖書館　一一三四

海國聞見錄二卷（清）陳倫炯撰　清乾隆刻本　中國國家圖書館　一一三五

［康熙］臺灣府志十卷（清）蔣毓英纂修　清康熙刻本　上海圖書館　一一三六

［乾隆］西藏志四卷（清）允禮撰　清抄本　傅增湘校並跋　中國國家圖書館　一一三七

欽定滿洲源流考二十卷（清）阿桂等撰　清乾隆四十二年内府刻本　故宮博物院圖書館　一一三八

金遼備考二卷 題（清）林佶撰　清抄本　李文田跋　中國國家圖書館　一一三九

六朝事蹟編類二卷（宋）張敦頤撰　清初馮知十家抄本　馮知十校　馮武校並跋　中國國家圖書館　一一四〇

夢粱錄二十卷（宋）吴自牧撰　清初抄本　北京大學圖書館　一一四一

關中勝蹟圖志三十卷（清）畢沅纂修　清乾隆畢沅經訓堂刻本　中國國家圖書館　一一四二

唐兩京城坊考五卷（清）徐松撰　稿本　張穆批校　北京大學圖書館　一一四三

欽定河源紀略三十五卷首一卷（清）紀昀　陸錫熊等撰　清乾隆武英殿刻本　中國國家圖書館　一一四四

徐霞客遊記不分卷（明）徐弘祖撰　清鮑氏知不足齋抄本　鮑廷博校　吴騫　唐翰跋　中國國家圖書館　一一四五

坤輿圖説二卷（比利時）南懷仁撰　清康熙刻本　莫棠跋　上海圖書館　一一四六

中興館閣録十卷（宋）陳騤撰　續録十卷　清錢氏潛研堂抄本　黄丕烈校　程祖慶　楊守敬　葉德輝　余嘉錫跋　上海圖書館　一一四七

存十八卷二至十 續録一至八十

一一四八 秘書監志十一卷（元）王士點 商企翁撰　清抄本　中國國家圖書館

一一四九 翰林記二十卷（明）黄佐撰　清初抄本　丁丙跋　南京圖書館

一一五〇 館閣舊事二卷（明）黄景昉撰　清抄本　中國國家圖書館

一一五一 皇朝詞林典故六十四卷（清）朱珪等撰　清嘉慶十年武英殿刻本　故宫博物院圖書館

一一五二 蘇州織造局志十二卷（清）孫珮輯　清康熙二十五年刻本　蘇州圖書館

一一五三 大元聖政國朝典章六十卷新集至治條例不分卷　清影元抄本　莫棠跋　中國國家圖書館

一一五四 大唐開元禮一百五十卷（唐）蕭嵩等撰　清抄本　中國國家圖書館

一一五五 大金集禮四十卷（金）張暐等輯　清抄本　中國國家圖書館
存三十八卷　一至二十五　二十七至三十二　三十四至四十

一一五六 四譯館考十卷（清）江蘩輯　清康熙刻本　中國國家圖書館

一一五七 熬波圖説二卷（元）陳椿撰　清抄本　中國國家圖書館

一一五八 慶元條法事類八十卷（宋）謝深甫等纂修　開禧重修尚書吏部侍郎
右選格二卷　清抄本　中國國家圖書館
存三十八卷　三至十七　二十八至三十二　三十六至三十七　四十七至五十二　七十三至八十　右選格二卷

一一五九 營造法式三十四卷（宋）李誡撰　清初影宋抄本　故宮博物院圖書館

一一六〇 也是園藏書目十卷（清）錢曾藏並撰　稿本　中國國家圖書館

籀史二卷（宋）翟耆年撰　清劉氏味經書屋抄本　劉喜海録吴翌鳳跋　中國國家圖書館 一一六一
存一卷上

西清古鑑四十卷錢録十六卷（清）梁詩正　蔣溥等纂修　清乾隆十六年武英殿刻本　中國國家圖書館 一一六二

寶刻叢編二十卷（宋）陳思輯　清抄本　中國國家圖書館 一一六三

寶刻類編八卷　清鮑氏知不足齋抄本　顧廣圻跋　鮑廷博　嚴元照校　中國國家圖書館 一一六四

秦漢瓦當文字二卷續一卷（清）程敦撰　清乾隆五十二年横渠書院刻五十九年續刻本　北京大學圖書館 一一六五

子部

孔子集語二卷（宋）薛據輯　清抄本　顾之逵跋　中國國家圖書館　一一六六

小學五書五卷（宋）張時舉編　清初毛氏汲古閣影宋抄本　中國國家圖書館　一一六七

管子弟子職一卷　（唐）房玄齡注
女誡一卷　（漢）班昭撰
呂氏鄉約一卷　（宋）呂大鈞撰
鄉儀一卷　（宋）呂大鈞撰
居家雜儀一卷　（宋）司馬□撰

黃梨洲先生明夷待訪錄一卷（清）黃宗羲撰　清初刻本　中國國家圖書館　一一六八

武經七書二十五卷　清影宋抄本　中國國家圖書館　一一六九

孫子三卷
吳子二卷
司馬法三卷
唐太宗李衛公問對三卷

尉繚子五卷
黄石公三略三卷
六韜六卷

商君書新校正五卷（清）嚴萬里撰 附考一卷（清）嚴萬里輯 清嚴可均抄本 中國國家圖書館 一一七〇

韓非子二十卷 清影宋抄本 顧廣圻跋 上海圖書館 一一七一

農書三卷（宋）陳旉撰 蠶書一卷（宋）秦觀撰 耕織圖詩一卷 清初錢氏述古堂抄本 中國國家圖書館 一一七二

方星圖解一卷（意大利）閔明我撰 清康熙刻本 中國國家圖書館 一一七三

天學闡微十卷（清）王家弼撰 清慈蔭堂抄本 中國科學院文獻情報中心 一一七四

歷代長術輯要十卷古今推步諸術考二卷（清）汪曰楨撰 稿本 中國國家圖書館 一一七五

庚子銷夏記八卷（清）孫承澤撰 清乾隆二十五至二十六年鮑廷博刻本 葉商跋並録何焯批注 何焯 朱筠 余集 夏璜 盧文弨題識 中國國家圖書館 一一七六

式古堂書畫彙考六十卷目錄四卷（清）卞永譽輯　清康熙二十一年自刻本　查瑩　柯逢時跋　中國國家圖書館　一一七七

存六十三卷　書目錄二　畫目錄一至二　書考一至三十　畫考一至三十

凌煙閣圖一卷（清）劉源繪　清康熙七年柱笏堂刻本　中國國家圖書館　一一七八

讀畫錄四卷（清）周亮工撰　清康熙十二年周氏煙雲過眼堂刻本　中國國家圖書館　一一七九

繪事發微一卷（清）唐岱撰　清康熙刻本　鄭振鐸跋　中國國家圖書館　一一八〇

南宋院畫錄八卷（清）厲鶚撰　清乾隆二十八年鮑氏知不足齋抄本　鮑廷博校並跋　中國國家圖書館　一一八一

太平山水圖畫一卷（清）蕭雲從繪　清順治五年懷古堂刻本　中國國家圖書館　一一八二

耕織圖一卷（清）焦秉貞繪　清康熙三十五年內府刻本　中國國家圖書館　一一八三

白嶽凝煙一卷（清）吴鎔繪　清康熙刻本　中國國家圖書館　一一八五

古歙山川圖一卷（清）吴逸繪　清乾隆阮溪水香園刻本　中國國家圖書館　一一八六

印存玄覽四卷（明）胡正言篆刻並輯　清順治十七年胡氏萕古堂刻本　中國國家圖書館　一一八七

賴古堂印譜四卷（清）周亮工輯　清康熙六年周氏賴古堂鈐印本　中國國家圖書館　一一八八

陽關三疊一卷（清）俞宗撰　清乾隆桐園草堂刻本　中國國家圖書館　一一八九

弦索十三套琵琶譜四卷　清道光五年秀亭抄本　中國國家圖書館　一一九〇

飛鴻堂硯譜三卷墨譜一卷瓶譜一卷鼎鑪譜一卷（清）汪啓淑輯　清乾隆摹繪本　南京圖書館　一一九一

瑤琨譜二卷二筆一卷（清）姜紹書撰　清初姜氏韻石齋刻本　中國國家圖書館　一一九二

金樓子附校六卷（清）吳騫撰　稿本　中國國家圖書館　一一九三

雞肋編不分卷（宋）莊季裕撰　清初影抄元抄本　中國國家圖書館　一一九四

茶餘客話十卷（清）阮葵生撰　稿本　中國國家圖書館　一一九五

雲自在龕隨筆不分卷（清）繆荃孫撰　稿本　中國國家圖書館　一一九六

日知錄八卷譎觚十事一卷（清）顧炎武撰　清康熙九年自刻本　傅增湘跋　中國國家圖書館　一一九七

陶廬雜錄六卷（清）法式善撰　清嘉慶二十二年陳預刻本　中國國家圖書館　一一九八

使黔雜記不分卷（清）翁同書撰　稿本　中國國家圖書館　一一九九

道餘錄一卷（明）姚廣孝撰　清初抄本　金可采　黃丕烈跋　南京圖書館　一二〇〇

天方典禮擇要解二十卷後編一卷（清）劉智撰　清康熙楊斐菉刻本　浙江圖書館　一二〇一

集部

1202 楚辭十七卷（漢）王逸章句 （宋）洪興祖補注 清初毛氏汲古閣刻本 王國維校 中國國家圖書館

1203 離騷圖不分卷（清）蕭雲從繪並注 清初刻本 王立承跋 中國國家圖書館

1204 鮑氏集十卷（南朝宋）鮑照撰 清初毛氏汲古閣影宋抄本 中國國家圖書館

1205 高常侍集十卷（唐）高適撰 清初影宋抄本 中國國家圖書館

1206 唐秦隱君詩集一卷（唐）秦系撰 清影宋抄本 傅增湘跋 中國國家圖書館

1207 臺閣集一卷（唐）李嘉祐撰 清初影元抄本 中國國家圖書館

一二〇八　昌黎先生詩集注十一卷（清）顧嗣立刪補　年譜一卷　清康熙三十八年顧氏秀野草堂刻本　中國國家圖書館

一二〇九　李商隱詩集三卷（唐）李商隱撰　清影宋抄本　徐乃昌跋　上海圖書館

一二一〇　李群玉詩集三卷後集五卷（唐）李群玉撰　清道光四年黄氏士禮居影宋抄本　黄丕烈跋　中國國家圖書館

一二一一　禪月集二十五卷（唐）釋貫休撰　清初影宋抄本　孫濳跋　上海圖書館

一二一二　碧雲集三卷（南唐）李中撰　清道光四年黄氏士禮居影宋抄本　黄丕烈跋　中國國家圖書館

一二一三　拙齋文集二十卷拾遺一卷（宋）林之奇撰　附錄一卷　清影宋抄本（四庫底本）　上海圖書館

一二一四　平齋文集三十二卷（宋）洪咨夔撰　清影宋抄本（卷十一至十四　十九至二十二配瞿氏鐵琴銅劍樓抄本）　□勵庵　瞿啓甲跋　中國國家圖書館

一二一五　漁墅類稿八卷（宋）陳元晉撰　清乾隆翰林院抄本（四庫底本）　朱文鼎　孫曙滄校　中國國家圖書館

一二一六　敝帚稿略八卷（宋）包恢撰　清乾隆翰林院抄本（四庫底本）　中國國家圖書館

剪綃集二卷（宋）李龏撰　清初毛氏汲古閣影宋抄本　中國國家圖書館　一二一七

梅花衲一卷（宋）李龏撰　清初毛氏汲古閣影宋抄本　中國國家圖書館　一二一八

劉蕺山先生集十種二十四卷首一卷（明）劉宗周撰　清乾隆十七年證人堂刻本（卷十一第二十五至二十六葉 卷十五第八葉用另一清乾隆十七年證人堂刻本配補）　清華大學圖書館　一二一九

千山詩集二十卷首一卷補遺一卷（明）釋函可撰　清抄本　南京圖書館　一二二〇

張子文粃十八卷詩粃五卷（清）張岱撰　稿本　中國國家圖書館　一二二一

梅村集四十卷目錄二卷（清）吴偉業撰　清康熙七年顧湄等刻本　趙執信批校並跋　山東省圖書館　一二二二

南雷文定十一卷後集四卷（清）黄宗羲撰　附錄一卷　清康熙二十七年靳治荆刻本　王芑孫批並跋　江文煒跋　欽嘉枚批校　南京圖書館　一二二三

楊園先生未刻稿十二卷（清）張履祥撰　陳敬璋輯　清咸豐六年徐椿信抄本　天津師範大學圖書館　一二二四

德藻堂詩集一卷（清）曹溶撰　稿本　李因篤　張廷濟　郭麐跋　上海圖書館　一二二五

安雅堂詩不分卷（清）宋琬撰　稿本　上海圖書館　一二二六

越遊草一卷（清）施閏章撰　清順治刻本　施閏章校改　中國國家圖書館　一二二七

堯峰文抄五十卷（清）汪琬撰　清康熙三十二年林佶寫刻本　中國科學院文獻情報中心　一二二八

呂晚村先生文集八卷續集四卷（清）呂留良撰　附錄一卷　清雍正三年呂氏天蓋樓刻本　倫明校　中國國家圖書館　一二二九

古夫于亭稿二卷（清）王士禛撰　清康熙四十六年成文昭刻本　中國國家圖書館　一二三〇

西陂類稿五十卷（清）宋犖撰　清康熙毛扆　宋懷金　高岑刻本　中國國家圖書館　一二三一

一一三二 憺園文集三十六卷 （清）徐乾學撰 清康熙三十六年冠山堂刻本 中國國家圖書館

一一三三 有懷堂文稿二十二卷詩稿六卷 （清）韓菼撰 清康熙四十二年刻本 北京大學圖書館

一一三四 陳檢討集十二卷詩抄十卷詞抄十二卷 （清）陳維崧撰 清康熙天藜閣刻本 中國人民大學圖書館

一一三五 聊齋文集八卷 （清）蒲松齡撰 清曲阜孔氏抄本 北京大學圖書館

一一三六 御製避暑山莊詩三十六景詩並圖高宗恭和三十六景詩二卷 （清）清聖祖玄燁撰 揆敘等注 清康熙五十一年內府刻本 中國國家圖書館

一一三七 敬業堂詩集不分卷 （清）查慎行撰 稿本 朱彝尊 唐孫華 姜宸英等評點 張載華 吳騫跋 上海圖書館

一一三八 潛虛先生文集不分卷 （清）戴名世撰 清李文田家抄本 李文田校注 中國國家圖書館

一一三九 板橋集六編 （清）鄭燮撰 清乾隆刻彙印本 北京師範大學圖書館

一二四〇 **御製圓明園詩二卷**（清）清高宗弘曆撰　鄂爾泰　張廷玉注　清乾隆武英殿刻套印本　中國國家圖書館

一二四一 **鮚埼亭集三十八卷卷首一卷**（清）全祖望撰　史夢蛟校　稿本　北京大學圖書館

一二四二 **于文襄公手札不分卷**（清）于敏中撰　稿本　何士祁　黃芳　陳垣跋　中國國家圖書館

一二四三 **戴東原先生文一卷**（清）戴震撰　稿本　胡適跋　北京大學圖書館

一二四四 **朱笥河先生詩稿不分卷**（清）朱筠撰　稿本　北京大學圖書館

一二四五 **蔣清容先生遺稿二十八卷**（清）蔣士銓撰　稿本　袁枚等批　王鳴盛題詩　沈廟勳　高藻　高文藻　王又曾　彭雲鴻　汪彜鼎　張塤　褚寅亮題詞　中國國家圖書館

喻義齋少作稿十卷
壽萱堂詩抄十三卷
藏園詩抄二卷
銅鉉詞二卷

樂府北曲南曲一卷

一二四六 **秋農詩草一卷** （清）姚文田撰　稿本　陳壽祺　葉紹桂　劉嗣綰跋　蘇州圖書館

一二四七 **簡學齋詩一卷** （清）陳沆撰　手稿本　魏源　龔自珍　吳嵩梁　包世臣批並跋　董桂敷　賀長齡　黃平黼　黃修存批　汪正鋆　汪正榮　黃之驤　潘曾瑩　陶澍　姚學塽　陸獻跋　上海圖書館

一二四八 **定公破戒草一卷餘集一卷** （清）龔自珍撰　清道光七年手稿本　北京大學圖書館

一二四九 **半巖廬遺詩一卷** （清）邵懿辰撰　稿本　朱學勤　潘祖蔭　孫詒經　譚獻　楊文瑩　吳慶坻跋　杜文瀾　林啓　陳豪　梁鼎芬題詩　中國國家圖書館

一二五〇 **趙悲盦詩文稿不分卷** （清）趙之謙撰　稿本　中國國家圖書館

一二五一 **張香濤詩稿一卷** （清）張之洞撰　稿本　陳仁軒　雅穌跋　山東省圖書館

一二五二 **十家宮詞十二卷** 清初毛氏汲古閣影宋抄本　金嘉采跋　中國國家圖書館

宮詞一卷　（唐）王建撰

宮詞一卷　（後蜀）花蘂夫人撰

宮詞一卷　（宋）王珪撰
宮詞一卷　（宋）胡偉撰
宮詞一卷　（後周）和凝撰
宮詞一卷　（宋）張公庠撰
宮詞一卷　（宋）王仲修撰
宮詞一卷　（宋）周彦質撰
宮詞三卷　（宋）宋徽宗趙佶撰
宮詞一卷　（宋）宋白撰

汲古閣景抄南宋六十家小集一百二卷

（宋）陳起編　清初常熟毛氏汲古閣影宋抄本（雪巖吟草　芸居乙稿　石屏長短句　梅屋詩餘配民國上海古書流通處抄本）　鄧邦述　吴梅跋　上海圖書館

一二五三

存六十家九十七卷

石屏續集四卷長短句一卷　（宋）戴復古撰
龍洲道人詩集一卷　（宋）劉過撰
方泉先生詩集三卷　（宋）周文璞撰
白石道人詩集一卷詩説一卷　（宋）姜夔撰

野谷詩稿六卷　(宋)趙汝鐩撰
安晚堂詩集十二卷　(宋)鄭清之撰　存六至十二
雲泉詩集一卷　(宋)釋永頤撰
棠湖詩一卷　(宋)岳珂撰
橘潭詩稿一卷　(宋)何應龍撰
菊潭詩集一卷　(宋)吳仲孚撰
芸隱倦遊一卷橫舟稿一卷　(宋)施樞撰
雪巖吟草一卷　(宋)宋伯仁撰
梅屋詩稿一卷融春小綴一卷梅屋第三稿一卷第四稿一卷詩餘一卷　(宋)許棐撰
汶陽端平詩雋四卷　(宋)周弼撰
竹溪十一稿詩選一卷　(宋)林希逸撰
雲泉詩一卷　(宋)薛嵎撰
雪坡小稿二卷　(宋)羅與之撰
菊澗小集一卷　(宋)高翥撰
疏寮小集一卷　(宋)高似孫撰
雅林小稿一卷　(宋)王琮撰
學吟一卷　(宋)朱南杰撰
學詩初稿一卷　(宋)王同祖撰

梅屋吟一卷 （宋）鄒登龍撰
皇荂曲一卷 （宋）鄧林撰
庸齋小集一卷 （宋）沈説撰
靖逸小集一卷 （宋）葉紹翁撰
秋江煙草一卷 （宋）張弋撰
癖齋小集一卷 （宋）杜旃撰
巽齋小集一卷 （宋）危稹撰
竹所吟稿一卷 （宋）徐集孫撰
北窗詩稿一卷 （宋）余觀復撰
吾竹小稿一卷 （宋）毛珝撰
西麓詩稿一卷 （宋）陳允平撰
雪林删餘一卷 （宋）張至龍撰
鷗渚微吟一卷 （宋）趙崇鉘撰
抱拙小稿一卷 （宋）趙希璐撰
蒙泉詩稿一卷 （宋）李濤撰
心遊摘稿一卷 （宋）劉翼撰
竹莊小稿一卷 （宋）胡仲參撰
東齋小集一卷 （宋）陳鑒之撰

適安藏拙餘稿一卷乙卷一卷　(宋)武衍撰
漁溪詩稿二卷乙稿一卷　(宋)俞桂撰
檜庭吟稿一卷　(宋)葛起耕撰
骳稿一卷　(宋)利登撰
露香拾稿一卷　(宋)黄大受撰
雲卧詩集一卷　(宋)吴汝弌撰
葛無懷小集一卷　(宋)葛天民撰
臞翁詩集二卷　(宋)敖陶孫撰
招山小集一卷　(宋)劉仙倫撰
山居存稿一卷　(宋)陳必復撰
端隱吟稿一卷　(宋)林尚仁撰
斗野稿支卷一卷　(宋)張藴撰
静佳龍尋稿一卷乙稿一卷　(宋)朱繼芳撰
采芝集一卷續稿一卷　(宋)釋斯植撰
看雲小集一卷　(宋)黄文雷撰
雪窗小集一卷　(宋)張良臣撰
小山集一卷　(宋)劉翰撰
雪蓬稿一卷　(宋)姚鏞撰

順適堂吟稿甲集一卷乙集一卷丙集一卷丁集一卷戊集一卷 （宋）葉茵撰 芸居乙稿一卷 （宋）陳起撰

一二五四 **唐中興間氣集二卷** （唐）高仲武輯 清初毛氏汲古閣影宋抄本 中國國家圖書館

一二五五 **寒瘦集一卷** （唐）孟郊 賈島撰 （清）岳端輯評 清康熙三十八年紅蘭室刻朱墨套印本 中國國家圖書館

一二五六 **坡門酬唱二十三卷** （宋）邵浩輯 清影宋抄本 中國國家圖書館

一二五七 **增廣聖宋高僧詩選前集一卷後集三卷續集一卷** （宋）陳起輯 清初毛氏汲古閣影宋抄本 中國國家圖書館

一二五八 **列朝詩集乾集二卷甲集前編十一卷甲集二十二卷乙集八卷丙集十六卷丁集十六卷閏集六卷** （清）錢謙益輯 清順治九年毛氏汲古閣刻本 毛晉 陸貽典校 中國國家圖書館

一二五九 **沈氏三先生文集六十一卷** 清初影宋抄本（卷十一至十二　五十二　五十七至五十八配清抄本）　上海圖書館

西溪文集十卷　（宋）沈遘撰

長興集四十一卷　（宋）沈括撰　（卷一至十二　三十一　三十三至四十一原缺）

雲巢編十卷　（宋）沈遼撰

一二六〇 **全宋詩話十二卷**（清）孫濤輯　稿本　施嵩跋　上海圖書館

一二六一 **歷代賦話十四卷續歷代賦話十四卷**（清）浦銑輯　**復小齋賦話二卷**（清）浦銑撰　清乾隆復小齋刻本　北京大學圖書館

一二六二 **校補金石例四種十七卷**（清）李瑤編　清道光十二年李瑤泥活字印本　天津圖書館

金石例十卷　（元）潘昂霄撰

墓銘舉例四卷　（明）王行撰

金石要例一卷　（清）黃宗羲撰

金石例補二卷　（清）郭麐撰

國朝名家詩餘四十卷（清）孫默編　清康熙孫氏留松閣刻本　中國國家圖書館

梅村詞二卷　（清）吳偉業撰
香嚴詞二卷　（清）龔鼎孳撰
裳村詞三卷　（清）梁清標撰
二鄉亭詞二卷　（清）宋琬撰
南溪詞二卷　（清）曹爾堪撰
炊聞詞二卷　（清）王士祿撰
百末詞二卷　（清）尤侗撰
含影詞二卷　（清）陳士祥撰
溪南詞二卷　（清）黃永撰
月湄詞四卷　（清）陸求可撰
麗農詞二卷　（清）鄒祗謨撰
延露詞三卷　（清）彭孫遹撰
衍波詞二卷　（清）王士禛撰
蓉渡詞三卷　（清）董以寧撰
烏絲詞四卷　（清）陳維崧撰
玉鳧詞二卷　（清）董俞撰

衍愚詞一卷　（清）程康莊撰

百名家詞抄二十卷（清）聶先　曾王孫編　清康熙綠蔭堂刻本　中國國家圖書館

卷一

梅村詞　（清）吳偉業撰
香嚴齋詞　（清）龔鼎孳撰
寓言集　（清）曹元溶
文江酬唱　（清）李撰鼎撰
棠村詞　（清）梁清標撰

卷二

容齋詩餘　（清）李天馥撰
楓香詞　（清）宋犖撰
南溪詞　（清）曹爾堪撰
衍波詞　（清）王士禛撰

一二六四

百末詞　（清）尤侗撰
荔軒詞　（清）曹寅撰

卷三

扶荔詞　（清）丁澎撰
語石軒詞　（清）張純修撰
金粟詞　（清）彭孫遹撰
江湖載酒集　（清）朱彝尊撰
玉鳧詞　（清）董俞撰
蔭綠詞　（清）徐喈鳳撰

卷四

染香詞　（清）江臯撰
彈指詞　（清）顧貞觀撰
玉山詞　（清）陸次雲撰
菊莊詞　（清）徐釚撰
耕煙詞　（清）陳玉堪撰

卷五

溉堂詞　（清）孫枝蔚撰
青城詞　（清）魏學渠撰
螺舟綺語　（清）王頊齡撰
松溪詩餘　（清）王九齡撰
映竹軒詞　（清）毛際可撰

卷六

迦陵詞　（清）陳維崧撰
藝香詞　（清）吳綺撰
棣華堂詞　（清）馮瑞撰
東白堂詞　（清）佟世南撰
萬青閣詩餘　（清）趙吉士撰

卷七

秋雪詞　（清）佘懷撰
竹香詞詩餘　（清）曹垂璨撰
飲水詞　（清）成德撰
柯亭詞　（清）姜垚撰
紅藕莊詞　（清）龔翔麟撰

卷八

志壑堂詞　（清）唐夢賚撰
吳山鷇音　（清）林雲銘撰
蔗閣詩餘　（清）汪鶴孫撰
柳塘詞　（清）沈雄撰
嘯閣餘聲　（清）張錫懌撰
玉壺詞　（清）葉尋源撰

卷九

月團詞　（清）沈爾燝撰
蘭舫詞　（清）趙維烈撰

守齋詞 （清）吕師濂撰
藥庵詞 （清）吕洪烈撰
探酉詞 （清）邵錫榮撰
澄暉堂詞 （清）江尚質撰

卷十

休園詩餘 （清）鄭俠如撰
蕊棲詞 （清）鄭熙績撰
碧巢詞 （清）汪森撰
東皋詩餘 （清）劉壯國撰
藕花詞 （清）陳見鑨撰
夢花窗詞 （清）江士式撰

卷十一至十四

二鄉亭詞 （清）宋琬撰
秋閒詞 （清）王庭撰
南礀詞 （清）何采撰
横江詞 （清）徐惺撰

卷十五

浣初詞　（清）周清原撰
蔬香詞　（清）高士奇撰
留村詞　（清）吳興祚撰
當樓詞　（清）毛奇齡撰
白茅堂詞　（清）顧景星撰
紫雲詞　（清）丁煒撰
微雲詞　（清）秦松齡撰
句雲堂詞　（清）郭士璟撰
香草詞　（清）何鼎撰
影樹樓詞　（清）陳大成撰
改蟲齋詞　（清）高層雲撰
珂雪詞　（清）曹貞吉撰
澹雪詞　（清）顧岱撰
萬卷山房詞　（清）王畧撰
竹西詞　（清）楊通佺撰

玉艷詞　（清）何思撰
仿橘詞　（清）龔勝撰
陶村詞　（清）王允持撰
南耕詞　（清）曹亮武撰
邀笛詞　（清）張軫撰

卷十六

鳳車詞　（清）吳棠禎撰
梅沜詞　（清）孫致彌撰
謙庵詞　（清）魯超撰
嘿霞閣詞　（清）沈永令撰
饗泉詞　（清）徐允哲撰

卷十七

秋水詞　（清）嚴繩孫撰
罨畫溪詞　（清）蔣景祁撰

雙溪泛月詞　（清）徐瑤撰
湖山詞　（清）徐璣撰
攝閒詞　（清）吳秉仁撰

卷十八

寒山詞餘　（清）馮雲驤撰
紅橋詞　（清）何五雲撰
一曲灘詞　（清）徐來撰
綺霞詞　（清）狄億撰
曠觀樓詞　（清）路傳經撰
花影詞　（清）張潮撰

卷十九

峽流詞　（清）王晫撰
錦瑟詞　（清）汪懋麟撰
月聽軒詩餘　（清）張淵懿撰
栩園詞　（清）陳聶恒撰

柯齋詩餘 （清）周綸撰

卷二十

香膽詞 （清）萬樹撰
課鵡詞 （清）吳秉鈞撰
畫餘譜 （清）華胥撰
粵遊詞 （清）吳之登撰
團扇詞 （清）余蘭碩撰
容居堂詞 （清）周稚廉撰

醉翁琴趣外篇六卷（宋）歐陽修撰 清初影宋抄本 中國國家圖書館 一二六五

晁氏琴趣外篇六卷（宋）晁補之撰 清初影宋抄本 中國國家圖書館 一二六六

閒齋琴趣外篇六卷（宋）晁元禮撰 清初毛氏汲古閣影宋抄本 中國國家圖書館 一二六七

酒邊集一卷（宋）向子諲撰 清初毛氏汲古閣影宋抄本 中國國家圖書館 一二六八

一二六九 酒邊詞二卷（宋）向子諲撰 清光緒十四年汪□刻宋名家詞本 章鈺校 中國國家圖書館

一二七〇 稼軒詞四卷（宋）辛棄疾撰 清初毛氏汲古閣影宋抄本 中國國家圖書館

一二七一 虛齋樂府二卷（宋）趙以夫撰 清初毛氏汲古閣影宋抄本 黄丕烈跋 中國國家圖書館

一二七二 可齋雜稿詞四卷續稿三卷（宋）李曾伯撰 清初毛氏汲古閣影宋抄本 中國國家圖書館

一二七三 山中白雲八卷（宋）張炎撰 （清）江昱疏證 稿本 朱康壽跋 中國國家圖書館

一二七四 天籟集二卷摭遺一卷（元）白樸撰 清康熙楊友敬刻本 中國國家圖書館

一二七五 玉琴齋詞不分卷（清）余懷撰 稿本 吴偉業 尤侗題辭 顧廣圻 孫星衍 魏錫曾 許增 丁丙跋 南京圖書館

一二七六 蓺香詞六卷（清）吳綺撰 清康熙刻本 中國國家圖書館

一二七七 納蘭詞五卷補遺一卷（清）納蘭性德撰 汪元治輯 清道光十二年汪元治結鐵網齋刻本 李慈銘跋 中國國家圖書館

迦陵詞稿不分卷（清）陳維崧撰　稿本　史可程　蔣平階　尤侗　吳綺跋　朱孝臧　胡嗣瑗　陳曾壽　冒廣生題款　南開大學圖書館　一二七八

秋林琴雅四卷（清）厲鶚撰　清康熙六十一年瓮熺刻本　中國國家圖書館　一二七九

玉壺山人詞稿一卷洢東夏課一卷（清）改琦撰　稿本　上海圖書館　一二八〇

定盦詞五卷（清）龔自珍撰　清抄本　龔橙校跋　中國國家圖書館　一二八一

無著詞一卷
懷人館詞一卷
小奢摩詞一卷
景事詞一卷
庚子雅詞一卷

疏影樓詞五卷（清）姚燮撰　稿本　姚儒俠跋　寧波市天一閣博物館　一二八二

苦海航一卷（清）姚燮撰　稿本　沈鎔經等題詩　中國國家圖書館　一二八三

一二八四　冷紅詞四卷（清）鄭文焯撰　稿本　南京圖書館

一二八五　樵風樂府不分卷（清）鄭文焯撰　稿本　南京圖書館

一二八六　苕雅四卷餘集一卷苕華詩餘一卷（清）鄭文焯撰　稿本　中國國家圖書館

一二八七　唐宋諸賢絶妙詞選三卷（宋）黄昇輯　清初毛氏汲古閣影宋抄本　中國國家圖書館

一二八八　絶妙好詞七卷（宋）周密輯　清初毛氏汲古閣抄本　朱孝臧跋　中國國家圖書館

一二八九　柳洲詞選六卷（清）戈元穎　錢士賁　錢熯　陳謀道等輯　清初刻本　中國國家圖書館

一二九〇　秋水軒倡和詞二十六卷（清）曹爾堪撰　清康熙十年遥連堂刻十一年增補本　中國國家圖書館

一二九一　詞譜四十卷（清）王奕清等撰　清康熙五十四年内府刻朱墨套印本　北京大學圖書館

一二九二　詞繫二十四卷調名彙辨一卷逸調備考一卷宋樂類編一

一二九三 卷宫譜錄要一卷詞旨叢説一卷（清）秦巘輯　稿本　北京大學圖書館

一二九三 獅吼記一卷（明）汪廷訥撰　清内府五色抄本　中國藝術研究院

一二九四 秣陵春傳奇二卷（清）吴偉業撰　清初刻乾隆五十九年重修本　中國國家圖書館

一二九五 一笠庵新編占花魁傳奇二卷（清）李玉撰　清初萃錦堂刻本　吴梅批注並跋　中國國家圖書館

一二九六 秦樓月二卷（清）朱㿥撰　二分明月集一卷（清）陳素素撰　名媛題咏一卷　清康熙文喜堂刻本　中國國家圖書館

一二九七 風箏誤傳奇二卷（清）李漁撰　清翼聖堂刻笠翁傳奇十種本　中國國家圖書館

一二九八 曲波園傳奇二種四卷（清）徐士俊撰　清初徐氏曲波園刻本　中國國家圖書館

一二九九 長生殿傳奇二卷（清）洪昇撰　清康熙稗畦草堂刻本　清華大學圖書館

桃花扇傳奇二卷（清）孔尚任撰　清康熙孔氏介安堂刻本　北京大學圖書館　一三〇〇

紅雪樓九種曲十三卷（清）蔣士銓撰　清乾隆蔣氏紅雪樓刻本　北京大學圖書館　一三〇一

冬青樹一卷
雪中人一卷
四弦秋一卷
一片石一卷
第二碑一卷
香祖樓二卷
空谷香二卷
桂林霜二卷
臨川夢二卷

看山閣樂府雷峰塔二卷（清）黄圖珌撰　清乾隆三年黄氏看山閣刻本　中國國家圖書館　一三〇二

新鐫綴白裘合選四卷　題（明）鬱岡樵隱　積金山人輯　清康熙翼聖堂刻本　北京大學圖書館　一三〇三

一三〇四 劇説六卷（清）焦循撰　稿本　中國國家圖書館

一三〇五 慶賞昇平不分卷　清彩色繪本　中國國家圖書館

一三〇六 聊齋志異不分卷（清）蒲松齡撰　稿本　遼寧省圖書館

一三〇七 西湖佳話古今遺蹟十六卷　題（清）墨浪子撰　清康熙金陵王衙刻五色套印本　中國國家圖書館

一三〇八 四大奇書第一種六十卷一百二十回（明）羅本撰（清）毛宗崗　杭永年評定　讀三國志法一卷　清康熙刻本　中國國家圖書館

一三〇九 脂硯齋重評石頭記八十回（清）曹霑撰　脂硯齋主人評　清抄本（第二十一至三十回佚名抄補）　中國國家圖書館　中國國家博物館

由中國國家圖書館與中國國家博物館配成五十五回

國圖　一至四十　六十一至七十回　國博　五十五回下半至五十九回上半

脂硯齋重評石頭記八十回（清）曹霑撰　脂硯齋主人評　清抄本　北京大學圖書館　一三一〇

存七十八回　一至六十三　六十五至六十六　六十八至八十

儒林外史五十六回（清）吴敬梓撰　清嘉慶八年卧閒草堂刻本　復旦大學圖書館　一三一一

少數民族文字古籍編

于闐文

對治十五鬼護身符 三至十世紀寫本 中國國家圖書館 一三一一

藏文

因明正解藏論 薩迦班智達·貢嘎堅贊撰 元刻本 西藏圖書館 一三一二
四部醫典後續醫典部注釋 拉宗·扎西巴覺桑波撰 （明）朗嘎洛珠抄 明寫本 西藏藏醫學院圖書館 一三一三

回鶻文

大唐慈恩寺三藏法師傳 （唐）釋慧立 彥悰撰 勝光法師譯 五代寫本 中國國家圖書館 一三一四

存二百四十八葉

西夏文

吉祥遍至口和本續 西夏時期木活字印本 寧夏回族自治區文物考古研究所 一三一五
存九卷二百四十三葉 三至五 廣義文下半 要文一卷 解生喜解補第一至三 五

妙法蓮華經觀世音菩薩普門品一卷 西夏時期刻本 敦煌研究院 一三一六

金光明最勝王經十卷 蒙古時期刻本 中國國家圖書館 一三一七
存八卷 一 三至六 八至十

過去莊嚴劫千佛名經一卷 元刻本 中國國家圖書館 一三一八

白文

仁王護國般若波羅蜜經抄 （唐）釋不空譯 釋良賁疏 大理時期寫本 雲南省圖書館 一三一九

存三品 六至八

蒙古文

孝經（元）孛羅鐵木兒編譯 元刻本 故宮博物院圖書館 一三一〇

察哈爾格西洛桑楚臣傳略七卷（清）羅布桑薩瑪如尼瑪撰 清中期刻本 中國民族圖書館 一三一一

蒙古文法詮釋蒼天如意珠（清）丹津扎巴撰 清雍正北京刻本 中國民族圖書館 一三一二

察合台文

鐵匠書 清抄本 中國民族圖書館 一三一三

納瓦依詩集 艾里希爾·納瓦依撰 清抄本 中國國家圖書館 一三一四

伊瑪目艾山與伊瑪目玉賽音傳 清抄本 中國民族圖書館 一三一五

彝文

勸善經 明刻本　中國國家圖書館　一三二六

六部經書 明抄本　中國國家圖書館　一三二七

彝漢教典 清乾隆二十一年抄本　清華大學圖書館　一三二八

滿文

范忠貞公文集四卷 （清）范承謨撰　清康熙四十七年内府刻本　遼寧省圖書館　一三二九

異域錄二卷 （清）圖理琛撰　清雍正九耐堂刻本　北京大學圖書館　一三三〇

三合便覽 （清）敬齋輯　富俊補　清乾隆五十七年富氏刻本　中國國家圖書館　一三三一

御製盛京賦三十二卷 （清）清高宗弘曆撰　清乾隆内府抄本　遼寧省圖書館　一三三二

存二十一卷 玉箸篆 小篆 上方大篆 墳書 倒薤文 柳葉篆 芝英篆 轉宿篆 垂露篆 垂雲篆 碧落篆 龍爪篆 鳥蹟書 雕蟲篆 鸞鳳書 剪刀篆 纓絡篆 懸鍼書 飛白篆 殳篆 刻符書

東巴文

創世經 舊抄本　中國國家圖書館 一三三三

東巴舞譜 舊抄本　中國國家圖書館 一三三四

傣文

茫萊法典 舊抄本　雲南省西雙版納傣族自治州少數民族研究所 一三三五

領主法典 舊抄本　雲南省西雙版納傣族自治州少數民族研究所 一三三六

水文

逢井 清光緒十八年抄本　中國民族圖書館 一三三七

六十龍備要 清抄本　貴州省三都水族自治縣檔案館 一三三八

古壯文

麽破塘 清光緒七年韋善經抄本　廣西壯族自治區少數民族古籍整理出版規劃領導小組辦公室 一三三九

唐宋編補遺

子部

揚子法言十三卷（漢）揚雄撰（晉）李軌（唐）柳宗元（宋）宋咸 吳祕 司馬光注 音義一卷 宋淳熙八年唐仲友台州公使庫刻本 遼寧省圖書館 一三四〇

集部

一三四一

重刊邵堯夫擊壤集七卷邵堯夫先生詩全集九卷（宋）邵雍撰　宋刻本　江西省星子縣文物管理所

圖書在版編目(CIP)數據

中華再造善本總目 / 中華再造善本工程編纂出版委員會編 . —北京:國家圖書館出版社,2015. 5

ISBN 978 - 7 - 5013 - 5560 - 0

Ⅰ. ①中… Ⅱ. ①中… Ⅲ. ①古籍—善本—圖書館目錄—中國 Ⅳ. ①Z838

中國版本圖書館 CIP 數據核字(2015)第 053593 號

ISBN 978-7-5013-5560-0

書　　名　中華再造善本總目
著　　者　中華再造善本工程編纂出版委員會
責任編輯　張愛芳　史百艷
助理編輯　黄　静
封面設計　九雅工作室

出版　國家圖書館出版社(100034　北京西城區文津街 7 號)
(原書目文獻出版社　北京圖書館出版社)
發行　010—66114536　66126153　66151313　66175620
66121706(傳真)　66126156(門市部)
E-mail　btsfxb@ nlc. gov. cn(郵購)
Website　www. nlcpress. com→投稿中心
經銷　新華書店
印裝　河北三河弘翰印務有限公司
版次　2015 年 5 月第 1 版　2015 年 5 月第 1 次印刷

開本　787 × 1092 毫米　1/16
印張　21. 5

書號　ISBN 978 - 7 - 5013 - 5560 - 0
定價　380. 00 圓

書名筆畫索引

一畫

一笠庵新編占花魁傳奇　244

二畫

二分明月集　244
十一家注孫子　31
十二先生詩宗集韻　41
十七史策要（眉山新編）　23
十七史纂古今通要　100
十三經注疏　78
十家注孫子遺説　31
十家宮詞　224
十翼後録　200
丁卯集　51
丁卯詩集（增廣音注）　116
七音三十六母通考　92
八義記　191
人文爵里　150
入注附音司馬溫公資治通鑑　19
入注附音司馬溫公資治通鑑詳節目録　19
入注附音司馬溫公資治通鑑綱目　19
九章詳注比類算法大全　148
九章算經　33
九經古義　201
九經直音　90

三畫

三因極一病證方論　33
三合便覽　251
三事忠告　99
三易洞璣　148
三國志（元大德刻本）　93
三國志（宋刻本）　15
三國志注補　204
三國志通俗演義　196
三國志通俗演義（新刊校正古本出像大字音釋）　196
三國志（新刻考訂按鑑通俗演義

全像） 196
三國志（衢州州學刻本） 16
三國演義（四大奇書） 246
三朝北盟會編 135
三朝名臣言行錄 22
三聖詩 124
三輔黄圖 99
三曆撮要 35
三蘇先生文粹 69
干祿字書 134
于文襄公手札 223
于湖居士文集 60
大元至元辨僞錄 113
大元聖政國朝典章 210
新刊大宋宣和遺事 196
大明一統志 139
大明律釋義 143
大明集禮 142
大明會典 142
大易集義 2
大易粹言 3
大金國志 205
大金集禮 211
大唐六典 26
大唐西域記 26
大唐開元禮 210
大唐慈恩寺三藏法師傳 248
大廣益會玉篇 90
大樂律呂元聲 131
大樂律呂考注 131
大戴禮記 86
大戴禮記補注 200
大藏經綱目指要錄 42
才調集 67
上清集 119
山川地理圖 3
山中白雲 241
山谷老人刀筆 118
山谷黄先生大全詩注 118
山谷詩注 57
山海經 38
山堂先生群書考索 109
千山詩集 220
也是園藏書目 211
女中七才子蘭咳集 167
新鐫女貞觀重會玉簪記 190
女誡 213
小兒方論 33
小畜集 53
小學五書 213
小學書 101
小學書之綱領 102

小學書圖 102
小學紺珠 110
新刊子午流注鍼經 106

四畫

新刊王氏脉經 104
王文成公全書 163
王右丞集(須溪先生校本) 114
王西樓樂府 192
王狀元集百家注分類東坡先生詩(熊氏刻本) 117
王狀元集百家注分類東坡先生詩(黄善夫刻本) 56
王建詩集 47
王荆公唐百家詩選 68
王荆文公詩箋注 117
王勃詩 157
王黄州小畜集 53
王摩詰文集 45
天工開物 143
天方典禮擇要解 217
天聖令 138
天學闡微 214
天籟集 241
元公周先生濂溪集 55
元史 135
元史新編 205
元史續編 135
元包經傳 34
元包數總義 34
元曲論 183
元曲選 183
元典章 210
元和郡縣圖志 208
元朝秘史 205
元微之文集 49
元豐類稿 117
木鍾集 102
五代史記 94
五代史詳節(京本增修) 24
五代名畫補遺 35
新刊五百家注音辯昌黎先生文集 48
五百家注音辯唐柳先生文集 49
五服圖解 86
五朝名臣言行錄 22
五經文字 202
五燈會元 41
五禮通考 201
太上洞玄靈寶無量度人上品妙經 43
太上感應篇 113
太平山水圖畫 215
太平惠民和劑局方 105

太史升庵文集　163
太玄經　34
太師張文忠公集　163
太清風露經　114
太學新增合璧聯珠聲律萬卷菁華　39
友林乙稿　63
切韻指掌圖　12
少微家塾點校附音通鑑節要　95
日知錄　217
中州集　125
中州樂府　125
中吳紀聞　140
中原音韻　193
中庸輯略　10
中說　30
中興以來絶妙詞選　71
中興兩朝編年綱目　21
中興館閣錄　209
内府輿地全圖　208
毛詩正變指南圖　131
毛詩句解(直音傍訓)　85
毛詩注疏(附釋音)　78
毛詩注疏(國圖本)　84
毛詩詁訓傳　4
毛詩(魁本大字詳音句讀)　85
毛詩(詳音句讀明本大字)　85
毛詩(監本纂圖重言重意互注點校)　4
毛詩稽古編　200
仁王護國般若波羅蜜經抄　249
新刊仁齋直指方論　33
片玉集　71
化書　36
反離騷　43
今言　136
分門史志通典治原之書　23
分門集注杜工部詩　46
新刊分類江湖紀聞前集　109
分類補注李太白詩　114
公羊春秋　7
六十龍備要　252
六甲天元氣運鈐　35
六部經書　251
六部纂修條例　142
六書正譌　91
六書音均表　202
六書統　91
六書統溯原　91
六朝事蹟編類　209
六朝通鑑博議　29
六經天文編　106
六藝論　201

六韜 214
文公小學書集成 102
文公家禮集注 86
文心雕龍(元至正刻明修本) 125
文心雕龍(閔繩初刻本) 167
文苑英華 65
文苑英華纂要 65
文章正宗 124
文章軌範(疊山先生批點) 124
新刻文會堂琴譜 149
文粹 67
文選(六臣注本) 65
文選(池陽郡齋刻本) 65
文選(勞健跋) 65
文選雙字類要 65
文獻通考 100
方是閒居士小稿 119
方星圖解 214
方輿考證 208
孔子集語 213
孔氏祖庭廣記 99
孔叢子 29
水經注 26
水滸葉子 149
水滸傳(李卓吾先生批評) 197
水滸傳(第五才子書) 197

五畫

玉杵記 191
玉茗堂四種傳奇 190
玉海 110
玉堂春百咏 162
玉琴齋詞 241
玉壺山人詞稿 242
玉臺新咏 166
玉篇 90
玉篇(引證群籍) 91
玉簪記 190
玉靈聚義 107
示兒編 108
世説新語 151
世醫得效方 106
古三墳書 3
古夫于亭稿 221
古今合璧事類備要 41
古今合璧事類備要增集 41
古今紀要 102
古今推步諸術考 214
古今絶句 66
古今樂府聲律源流考 201
古今歷代十八史略(新增音義釋文) 100

古今雜劇 127
古今雜劇 170
古今韻會舉要 92
古文苑（二十卷本） 66
古文苑（九卷本） 66
古文奇字 134
古文集成前集（新刻諸儒批點） 67
古本荆釵記 190
古本董解元西厢記 169
古史 18
古迂陳氏家塾尹文子 107
古迂陳氏家藏夢溪筆談 108
古經解鈎沉 201
古歌謠殘稿 166
古樂府 124
古歙山川圖 216
古雜劇 184
古靈先生文集 54
本草衍義（元刻本） 104
本草衍義（江西轉運司刻重修本） 32
本草綱目 147
可齋雜稿詞 241
左氏古義 201
石田先生文集 121
石田稿 162
石門洪覺範天廚禁臠 168
石巢傳奇 190
石湖居士集 159
［洪武］平陽志 139
平齋文集 219
北史 17
北史（元大德刻本） 93
北征錄（翠微先生） 98
北堂書抄 152
北齊書 16
北磵文集 64
甲乙集 52
甲申紀事 137
甲申雜記 37
申鑒 144
史記考證 204
史記志疑 204
史記（段子成刻本） 93
史記（桐川郡齋重修本） 13
史記（黄善夫刻本） 13
史記（彭寅翁刻本） 93
史記（蔡夢弼刻本） 13
史通 143
史纂通要後集 100
四大奇書第一種 246
四六標準 63
四印堂詩稿 165

［寶慶］四明志　25
［開慶］四明續志　25
四部醫典後續醫典部注釋　248
四家四六　64
四書通證　89
四書章句集注(國圖本)　10
四書章句集注(上圖本)　88
四書章句集注(沈氏尚德堂刻本)　89
四書經疑問對　89
四詞宗合刻　192
四譯館考　211
白氏文集　50
白沙先生全集　162
白虎通　108
白虎通德論　108
白兔記　189
白雪樓詩集　164
白嶽凝煙　216
印存玄覽　216
外臺秘要方　32
邛山偈　113
半巖廬遺詩　224
永類鈐方　105
司空表聖文集　52
司馬法　213
司馬法集解　145
新刊出像音注增補劉智遠白兔記　189

六畫

式古堂書畫彙考　215
刑統賦　103
迂齋先生標注崇古文訣　124
吉祥遍至口和本續　249
新刻考訂按鑑通俗演義全像三國志　196
老子道德經古本集注直解　42
老子鬳齋口義　113
老泉先生文集　55
吏學指南　103
西山先生真文忠公讀書記　31
西陂類稿　221
西洋新法曆書　148
西夏書　204
西廂記　189
西廂記(古本董解元)　169
西廂記(新刊合併王實甫)　170
西廂記(新刊合併董解元)　170
西崑酬唱集　167
西庵集　161
西清古鑑　212
西番譯語　203
西湖二集　196

西湖佳話古今遺蹟 246
西湖秋色一百韻 196
西湖遊覽志 141
西溪文集 230
西漢會要 28
西漢詳節(諸儒校正) 23
西儒耳目資 134
[乾隆]西藏志 208
西歸集 61
西疇居士春秋本例 9
百川學海 72
百名家詞抄 232
有懷堂文稿 222
存悔齋詩 120
列女傳 138
列子鬳齋口義 113
列朝詩集 229
夷堅續志前集(湖海新聞) 109
至大重修宣和博古圖録 100
曲波園傳奇 244
曲律 193
因明正解藏論 248
回回曆法 147
回回館譯語 203
朱子成書 102
朱子易圖附録纂注 81
朱子易圖説 80
朱子訂定蔡氏書集傳 83
朱子啓蒙五贊附録纂注 81
朱子筮儀附録纂注 81
朱子説書綱領輯録 82
朱文公大同集 119
朱文公訂正門人蔡九峰書集傳 3
朱文公校昌黎先生文集 115
朱笥河先生詩稿 223
朱慶餘詩集 51
缶鳴集 161
莯竹堂稿 162
仲景全書 147
自警編 38
伊川程先生周易經傳 79
伊川擊壤集 159
伊瑪目艾山與伊瑪目玉賽音傳 250
全宋詩話 230
全庵記 161
新鐫全像藍橋玉杵記 191
新刊合併王實甫西厢記 170
新刊合併董解元西厢記 170
名公增修晉書詳節 24
新刊名臣碑傳琬琰之集 22
名家詩法 167
名醫類案 147

冲虛至德真經　42
汗簡　134
江西道院集　62
江湖紀聞前集(新刊分類)　109
江湖集　61
汲古阁景抄南宋六十家小集　225
汲古閣集　165
汲冢周書　98
安雅堂詩　221
字鑑　202
阮嗣宗集　157

七畫

攻媿先生文集　61
孝經列傳　133
孝經注疏(元刻明修本)　79
孝經注疏(泰定三年刻本)　88
孝經(相臺岳氏家塾刻本)　88
孝經(蒙古文)　250
芸居乙稿　64
花間集(建康郡齋刻本)　71
花間集(楊保彝題款)　71
杜工部草堂詩箋(元刻本)　115
杜工部草堂詩箋(宋刻本)　46
杜工部集　46
杜荀鶴文集　52
杜審言詩集　45
杏溪傅氏禹貢集解　4
李太白文集　45
李太白詩(分類補注)　114
李氏弘德集　162
李文　158
李丞相詩集　53
李長吉文集　47
李卓吾先生批評忠義水滸傳　197
李卓吾先生批評紅拂記　190
李侍郎經進六朝通鑑博議　29
李商隱詩集　219
李群玉詩集　219
新雕李燕陰陽三命　107
新刊李學士新注孫尚書内簡尺牘　119
李學士新注孫尚書内簡尺牘　59
吾學編　136
批點分類誠齋先生文膾　119
重雕足本鑑誡錄　39
困知記　144
困學紀聞　108
呂大著點校標抹增節備注資治通鑑　19
呂氏春秋　107
呂氏春秋(吴騫跋)　107
呂氏家塾讀詩記　4

呂氏鄉約 213
呂氏鄉約(宋嘉定刻本) 30
呂晚村先生文集 221
吳子 213
吳中水利通志 141
吳文定公詩稿 162
[紹定]吳郡志 24
吳姬百媚 149
吳越春秋 98
吳越備史 136
岑嘉州詩 46
牡丹百咏 162
兵垣四編 145
何氏集 163
何翰林集 164
作義要訣 126
伯生詩續編 122
佛祖歷代通載 113
佛説摩利支天菩薩經 153
近思錄集解 101
坐隱先生精訂王西樓樂府 192
坐隱先生精訂金白嶼蕭爽齋樂府 192
坐隱先生精訂陳大聲樂府全集 191
坐隱先生精訂梁少白江東白苧 192
坐隱先生精訂馮海浮山堂詞稿 192
删微 133
灸膏肓腧穴法(莊季裕編) 106
忘憂清樂集 36
冷紅詞 243
浒東樂府 191
汴京遺蹟志 141
沈氏三先生文集 230
宋之問集 157
宋元名家詞 169
宋中書舍人南豐先生曾公謚議 22
宋史 94
宋史全文續資治通鑑 97
宋司馬溫國文正公家範 144
宋名家詞 169
宋季三朝政要(元至治三年張氏刻本) 97
宋季三朝政要(餘慶堂刻本) 97
宋季朝事實 97
宋書 16
宋提刑洗冤集錄 103
宋樂類編 243
宋學士文粹 160
宋應星四種 143
重雕改正湘山野錄 37
附釋文互注禮部韻略 12
附釋音毛詩注疏 78
附釋音毛詩注疏(國圖本) 84

附釋音尚書注疏　78
附釋音周禮注疏　78
附釋音春秋左傳注疏　79
附釋音禮記注疏　79
妙法蓮華經觀世音菩薩普門品　249
妙集吟堂詩話　168
妙絶今古文選(東澗先生)　124
邵子觀物篇　35
邵堯夫先生詩全集　254
重刊邵堯夫擊壤集　254

八畫

武備志　145
武經七書　213
青山集　58
青陽先生文集　160
長生殿傳奇　244
長安志　140
長短經　38
長興集　230
坤輿圖説　209
坡門酬唱　229
亞愚江浙紀行集句詩　64
苦海航　242
范文正公文集　53
范文正公集　116
范忠貞公文集　251
范忠宣公文集　117
范德機詩集　122
直音傍訓毛詩句解　85
直音傍訓尚書句解　83
苕華詩餘　243
苕雅　243
苕溪漁隱叢話後集　70
茅山志　99
茅亭客話　152
林屋集　164
板橋集　222
東山詞　71
東巴舞譜　252
東谷鄭先生易翼傳　80
東坡先生往還尺牘　118
東坡先生詩　56
東坡先生詩(百家注)　56
東坡先生詩(百家注分類)　117
東坡先生詩(施顧注)　55
東坡集　56
東坡集(韓應陛跋)　56
東坡樂府　126
東京夢華錄　99
東垣十書　146
東家雜記　23

東萊先生音注唐鑑 28
東萊先生詩集 59
東萊呂太史文集 60
東萊標注三蘇文集 70
東萊標注老泉先生文集 55
東漢會要 28
東澗先生妙絶今古文選 124
東觀漢記 204
東觀餘論 37
事類賦 39
兩漢紀 135
兩漢博聞 24
兩漢詔令 98
雨窗集 196
拈古集 54
押韻釋疑 13
押韻釋疑（紫雲先生增修校正） 13
抱朴子内篇 42
拙齋文集 219
尚書 3
尚書正義 3
尚書句解（直音傍訓） 83
尚書考異 130
尚書注疏 82
尚書注疏（附釋音） 78
尚書通考 83
新雕尚書纂圖 82
昌黎先生文集 48
昌黎先生文集（朱文公校） 115
昌黎先生文集（新刊五百家注音辯） 48
昌黎先生文（新刊經進詳注） 48
昌黎先生集 47
昌黎先生集考異 48
昌黎先生詩集注 219
明史稿 205
明夷待訪錄 213
明秀集注 126
明季野史 205
明珠記 191
明經題斷詩義矜式 85
易圖 79
易圖集錄 80
易學啓蒙通釋 80
易纂言外翼 81
忠文王紀事實錄 23
忠愍公詩集 158
知常先生雲山集 120
牧民忠告 99
乖崖先生文集 53
和劑局方 105
和劑局方圖經本草藥性總論 105

侍郎葛公歸愚集 60
使黔雜記 217
佩觿 134
金丹正理大全 153
新刊金文靖公前北征録後北征録 137
金石録 28
金史 94
金史補闕 204
金白嶼蕭爽齋樂府 192
金光明最勝王經 249
金華黄先生文集 122
金剛般若波羅蜜經（私人藏品） 112
金剛般若波羅蜜經（咸通九年刻本） 41
金剛般若波羅蜜經（孫可望刻朱印本） 152
金屑編 151
［至正］金陵新志 99
金匱要略方 147
金樓子附校 217
金遼備考 209
金薤琳琅 143
周子通書訓義 101
周君建鑒定古牌譜 150
周易（宋刻本） 1
周易 79
周易五贊 80
周易正義 2
周易本義 2
周易本義啓蒙翼傳 81
周易本義集成 81
周易本義辨證 199
周易注疏 1
周易要義 2
周易兼義 78
周易象義 80
周易程朱先生傳義附録 80
周易程朱傳義音訓 79
周易集傳 199
周易筮儀 80
周易（魁本大字詳音句讀） 82
周易經傳 79
周易經傳集程朱解附録纂注 81
周易經義 82
周易鄭康成注 82
周易繫辭述 81
周書 16
周書王會補注 98
周賀詩集 51
周髀算經 33
周禮（宋刻本） 5
周禮（宋婺州唐宅刻本） 5

周禮(明嘉靖刻本)　131
周禮(金刻本)　85
周禮(京本點校附音重言重意互注)　5
周禮注疏(附釋音)　78
周禮疏　5
周禮(纂圖互注)　5
京本增修五代史詳節　24
京本點校附音重言重意互注周禮　5
庚子銷夏記　214
放翁先生劍南詩稿　62
育德堂奏議　22
河防一覽　141
河東先生集　49
河岳英靈集　67
河南程氏遺書附錄　30
新刊河間劉守真傷寒直格　105
欽定河源紀略　209
泖東夏課　242
注東坡先生詩　56
注陸宣公奏議　98
新雕注疏珞琭子六命消息賦　107
泳齋近思錄衍注　31
宗藩訓典　138
定公破戒草　224
定盦詞　242
空同集　163
宛陵先生文集　54
建文朝野彙編　137
建康實錄　18
居家雜儀　213
弦索十三套琵琶譜　216
姓氏急就篇　110
迦陵詞稿　242
孟子或問纂要　10
孟子注疏解經　79
孟子(魁本大字詳音句讀)　89
孟東野文集　50
孟東野詩集　50
孟浩然詩集　45

九畫

契丹國志　98
春秋二十國年表(宋刻本)　8
春秋二十國年表(宋刻本)　9
春秋五禮例宗　9
春秋公羊注疏(監本附音)　79
春秋公羊疏　8
春秋公羊經傳解詁(宋余仁仲刻本)　8
春秋公羊經傳解詁(宋撫公使庫刻本)　8

春秋孔義　133
春秋本例　9
春秋左氏傳補注（韓應陛跋）　88
春秋左傳正義　8
春秋左傳注疏（附釋音）　79
春秋存俟　133
春秋名號歸一圖（宋刻本）　9
春秋名號歸一圖（宋龍山書院刻本）　7
春秋名號歸一圖（相臺岳氏家塾刻本）　87
春秋胡氏傳纂疏　88
春秋師説　88
春秋師説（韓應陛跋）　88
春秋國華　133
春秋集注（宋德祐元年刻本）　9
春秋集注（宋寶祐三年刻本）　9
春秋傳　9
春秋傳（增入音注括例始末胡文定公）　87
春秋意林　9
春秋經傳集解　7
春秋經傳集解（宋刻本）　8
春秋經傳集解（相臺岳氏家塾刻本）　87
春秋經傳集解（纂圖互注）　7
春秋圖説　9
春秋穀梁注疏（監本附音）　79
春秋穀梁注疏（監本附音）　8
春秋諸國統紀　87
春秋諸傳會通（劉占洪舊藏）　87
春秋諸傳會通（叢書堂舊藏）　87
春秋繁露　10
春秋纂言　87
春秋屬辭　88
春秋屬辭（韓應陛跋）　88
春渚紀聞　151
珊瑚木難　148
珊瑚林　151
封氏聞見記　151
荆釵記　190
荆溪集　61
草廬吳先生文粹　159
茶書　150
茶餘客話　217
荀子　29
荀子（纂圖互注）　29
茬萊法典　252
故唐律疏議　100
胡學士續添簡齋詩箋正誤　118
南史　17
南宋院畫錄　215

南華真經　42
南華真經(纂圖互注)　113
南部新書　151
南海集　61
南陵無雙譜　207
南雷文定　220
南齊書　16
南嶽總勝集　26
南豐曾子固先生集　117
南廱志　142
柳待制文集　122
柳洲詞選　243
貞觀政要　136
韋蘇州集(宋刻本)　45
韋蘇州集(乾道七年平江府學刻本)　46
韋蘇州集(須溪先生校本)　115
幽怪詩譚　195
幽蘭居士東京夢華錄　99
幽蘭草　168
拜月亭記(新刊重訂出相附釋標注)　189
看山閣樂府雷峰塔　245
秋水軒倡和詞　243
秋林琴雅　242
秋農詩草　224
秋聲集　159
科場備用書義斷法　126
重修政和經史證類備用本草　104
重訂丹溪心法　147
新刊重訂出相附釋標注拜月亭記　189
重校鶴山先生大全文集　63
重添校正蜀本書林事類韻會　40
重新校正集注附音資治通鑑外紀　95
重廣眉山三蘇先生文集　70
重廣補注黄帝内經素問　146
重續千字文　203
修辭鑑衡　126
皇元風雅後集　125
皇元風雅(傅習　孫存吾輯)　125
皇元風雅(蔣易輯)　125
皇甫冉詩集　47
皇甫持正文集　51
皇明太學志　142
皇明典禮　142
皇明祖訓　137
皇明馭倭錄　137
皇明職方兩京十三省地圖表　139
皇朝中興繫年要錄節要　20
皇朝文鑑(麻沙劉將仕宅刻本)　69
皇朝文鑑(新安郡齋刻本)　69
皇朝仕學規範　38

皇朝名臣續碑傳琬琰録 99
皇朝詞林典故 210
皇朝編年備要 20
禹貢集解(杏溪傅氏) 4
禹貢論 3
衍約説 37
律 28
律吕正義 201
後山居士文集 57
後山詩注(元刻本) 118
後山詩注(宋刻本) 57
後村先生大全詩集 63
後村先生四六 64
後村居士集 63
後漢紀 135
後漢書(王叔邊刻本) 15
後漢書(元大德刻本) 93
後漢書(白鷺洲書院刻本) 15
後漢書(存一百十五卷) 14
後漢書(存一百六卷) 14
後漢書(江南轉運司刻本) 15
後漢書(黄善夫刻本) 15
後漢書補注 204
弇山堂别集 137
弇州山人讀書後 164
脉經 104
勉齋先生黄文肅公文集 119
風俗通義 108
風宣玄品 149
風雅遺音 169
風箏誤傳奇 244
急就篇補注 110
施先生孟子發題 59
施顧注東坡先生詩 55
奕藪 149
音注全文春秋括例始末左傳句讀直解 87
音注韓文公文集 48
帝王經世圖譜 40
前漢紀 135
洪氏集驗方 32
洪武正韻 134
洪範政鑑 35
新雕洞靈真經 42
洗冤集録 103
洛陽伽藍記 141
宣和奉使高麗圖經 142
宣和博古圖録(至大重修) 100
祖英集 53
祖庭廣記 99
退休集 62
眉山新編十七史策要 23

姚少監詩集 51
飛鴻堂硯譜 墨譜 瓶譜 鼎鑪譜 216
紅拂記 190
紅雪樓九種曲 245
紀效新書 145

十畫

耕餘剩技 145
耕織圖 215
耕織圖詩 214
秦漢瓦當文字 212
秦樓月 244
泰西水法 146
珞琭子三命消息賦 107
班馬字類補遺 202
新刊素問入式運氣論奧 104
袁氏世範 31
袁氏通鑑紀事本末撮要 21
華夷譯語 134
華陽國志 136
華陽隱居真誥 42
莆陽居士蔡公文集 53
莊子鬳齋口義 42
新刊莊季裕編灸膏肓腧穴法 106
真文忠公政經 31
新刊真楷大字全號縉紳便覽 139
桂洲詞 169
桃花扇傳奇 245
新刊校正古本出像大字音釋三國志通俗演義 196
重刊校正唐荆川先生文集 164
校正劉向説苑 101
校補金石例 230
殊域周咨錄 141
致堂讀史管見 29
晉書 16
晉書詳節(名公增修) 24
晁氏琴趣外篇 240
晏子春秋 138
蚓竅集 161
乘除開方起例 148
秣陵春傳奇 244
秘書監志 210
笑隱和尚語錄 121
倚松老人詩集 58
倪雲林先生詩集 160
射史 145
師山先生文集 123
徐文長四聲猿 189
徐霞客遊記 209
脂硯齋重評石頭記(己卯本) 246
脂硯齋重評石頭記(庚辰本) 247

逢井 252
記纂淵海 40
高子遺書 165
高昌館課 134
高昌館譯書 203
唐女郎魚玄機詩 52
唐太宗李衛公問對 213
唐中興間氣集 229
唐皮日休文藪 158
唐百家詩 165
唐先生文集 58
唐甫里先生文集 158
唐求詩集 52
唐宋諸賢絶妙詞選 243
唐兩京城坊考 209
唐荆川先生文集 164
唐柳先生文集(五百家注音辯) 49
唐律疏議 100
唐秦隱君詩集 218
唐書(兩浙東路茶鹽司刻本) 17
唐書(紹興刻公文紙印本) 18
唐陸宣公集 115
唐御覽詩 166
唐詩品 165
唐詩絶句 166
唐僧弘秀集 67
唐鑑 28
唐鑑(東萊先生音注) 28
剡溪詩話 168
凌煙閣圖 215
涑水記聞 152
酒經 36
酒邊集 240
酒邊詞 241
涇野子内篇 145
海叟集 161
海國聞見錄 208
家範 144
家禮 7
宫譜錄要 244
容齋續筆 37
書史會要 149
書苑菁華 35
書林事類韻會(重添校正蜀本) 40
書法鈎玄 149
書集傳(朱子訂定) 83
書集傳(朱文公訂正) 3
書集傳(陳大猷撰) 82
書集傳(蔡沈撰) 82
書集傳輯錄纂注 82
書傳問答 3
書義矜式 83

書學正韻 91
陸士龍文集 44
陸宣公文集 47
陳大聲樂府全集 191
陳子兼文稿 164
陳書 16
陳衆仲文集 123
陳檢討集 222
陶淵明集 44
陶淵明集（箋注） 114
陶淵明詩 44
陶靖節先生集 44
陶靖節先生詩注 44
陶廬雜錄 217
通玄真經 42
通志 96
通典（存二十三卷） 26
通典（存七卷） 27
通典（存八十八卷） 27
通典（宋元遞修本　存五卷） 27
通典（宋刻重修本　存五卷） 27
通典詳節（新入諸儒議論） 27
通雅 202
通鑑地理通釋 100
通鑑紀事本末（嚴陵郡庠刻本） 21
通鑑紀事本末（寶祐趙與簒刻本） 21
通鑑答問 97
通鑑節要（少微家塾點校附音） 95
通鑑總類 97
通鑑釋文辯誤 95
孫子 213
孫子（十一家注） 31
孫子參同 145
孫子算經 34
孫子遺説（十家注） 31
孫可之文集 52
孫尚書大全文集 59
孫尚書内簡尺牘（李學士新注） 59
孫尚書内簡尺牘（新刊李學士新注） 119
重刊孫真人備急千金要方 105
納瓦依詩集 250
納蘭詞 241

十一畫

埤雅 133
聊齋文集 222
聊齋志異 246
黄氏日抄 102
黄氏補千家注紀年杜工部詩史 115
黄文肅公文集 119
黄石公三略 214

黄先生大全文集 57
新刊黄帝内經素問 103
黄帝内經素問(金刻本) 103
黄帝内經素問(重廣補注) 146
黄帝内經素問(補注釋文) 103
黄帝内經素問遺篇 104
新刊黄帝内經靈樞 104
新刊黄帝明堂灸經 106
黄梨洲先生明夷待訪録 213
梧溪集 123
桯史 38
梅花百咏(元至正刻本) 123
梅花百咏(周藩刻本) 162
梅花字字香 121
梅花衲 220
梅花喜神譜 36
梅村集 220
梅亭先生四六標準 63
曹子建文集 44
曹文貞公詩集 121
盛明雜劇 185
盛明雜劇二集 187
敝帚稿略 219
常建詩集 45
晦庵朱文公易説 79
晦庵朱侍講先生韓文考異 48
晦庵先生文集 60
晦庵先生朱文公文集 60
晦庵先生語録大綱領 31
異域録 251
國秀集 166
新刊國朝二百家名賢文粹(存一百九十七卷) 68
新刊國朝二百家名賢文粹(存十二卷) 68
新刊國朝二百家名賢文粹(存六卷) 68
國朝文類 125
國朝名家詩餘 231
國朝風雅 125
國朝諸臣奏議 22
國語 21
崑山雜咏 69
崇古文訣(迂齋先生標注) 124
過去莊嚴劫千佛名經 249
梨園按試樂府新聲 129
第五才子書施耐庵水滸傳 197
彩筆情辭 191
鳥鼠山人小集 163
逸調備考 243
許用晦文集 51
高常侍集 218

庾開府詩集　157
商君書新校正　214
剪綃集　220
清江貝先生文集　161
清波雜志　37
清容居士集　121
淮南鴻烈解　150
淮海集　58
梁少白江東白苧　192
梁江文通文集　157
梁昭明太子文集　157
梁書　16
梁溪先生文集　59
尉繚子　214
張子文粃　220
張子壽文集　158
張子語錄　30
張文昌文集　50
張文忠公文集　120
張文忠公奏疏抄　138
張丘建算經　34
張先生校正楊寶學易傳　2
張先生校正楊寶學易傳（鄭希聖等跋）　2
張仲景注解傷寒百證歌　104
張承吉文集　51
張香濤詩稿　224
張深之先生正北西厢秘本　189
隋書（李盛鐸等跋）　17
隋書（沈曾植題款）　17
陽山顧氏文房小説　154
陽關三疊　216
婚禮新編　41
習學記言序目　151
參寥子詩集　58
鄉儀　213
重刊巢氏諸病源候總論　105

十二畫

琵琶記　189
堯峰文抄　221
越吟　165
越遊草　221
壺山先生四六　64
葉先生詩話　125
敬業堂詩集　222
朝天續集　62
朝野新聲太平樂府　127
棋經注　149
棲霞長春子丘神仙磻溪集　120
極玄集　167
雁門集　159

欹枕集　196
雲山集　120
雲仙散錄　38
雲自在龕隨筆　217
[景泰]雲南圖經志書　140
雲莊四六餘話　70
雲莊張文忠公休居自適小樂府　191
雲巢編　230
揚子事實品題(新增麗澤編次)　30
新刊揚子門類題目　30
揚子法言　253
揚子法言(五臣注)　30
揭曼碩詩集　122
揮塵前錄 後錄 第三錄 餘話　38
雅音會編　167
雅頌正音　167
紫雲先生增修校正押韻釋疑　13
虛齋樂府　241
棠陰比事　102
棠湖詩稿　63
開禧重修尚書吏部侍郎右選格　211
閒居錄　108
閒居叢稿　123
閒齋琴趣外篇　240
景祐乾象新書　34
[弘治]貴州圖經新志　140
黑韃事略　136
無文印　64
無住詞　118
無爲集　55
程子上下篇義　80
程氏易傳　79
程氏演蕃露　37
程氏遺書附錄　30
程氏墨苑　150
程朱二先生周易傳義　80
犂眉公集　160
備急千金要方　105
順齋先生閒居叢稿　123
集古印譜　143
集事詩鑑　31
集韻　12
焦氏筆乘　151
焦氏澹園集　165
御製盛京賦　251
御製圓明園詩　223
御製避暑山莊詩　222
復小齋賦話　230
復古編　91
須溪先生校本韋蘇州集　115
須溪先生校本唐王右丞集　114
鉅宋廣韻　12

鉅鹿東觀集　53
鈐山堂集　163
創世經　252
飲膳正要　150
詞旨叢説　244
詞林摘艷　192
詞海評林　169
詞繫　243
詞譜　243
童溪王先生易傳　3
愧郯録　38
尊前集　169
道園遺稿　122
道園類稿　121
道德會元　113
道德經講義　153
道餘録　217
曾南豐先生文粹　54
馮海浮山堂詞稿　192
湖海新聞夷堅續志前集　109
湘山野録(重雕改正)　37
渭南文集　62
淵穎吳先生集　122
渼陂集　163
渾蓋通憲圖説　147
寒山子詩集　45
寒瘦集　229
運使復齋郭公言行録　98
運使復齋郭公敏行録　98
補注蒙求　39
新刊補注釋文黄帝内經素問　103
畫繼　35
巽齋先生四六　64
疏影樓詞　242
絶妙好詞　243
絲絹全書　143
幾何原本　148

十三畫

遠山堂曲品　193
遠山堂劇品　193
遠西奇器圖説録最　150
聖宋文選全集　68
聖宋名賢五百家播芳大全文粹　69
聖政記　136
聖蹟圖　139
靳文襄公奏疏　207
夢溪筆談(古迂陳氏家藏)　108
夢粱録　209
蒲山牧唱　161
蒲室集　121
蒙古文法詮釋蒼天如意珠　250

蒙古通鑑長編 205
楚國文憲公雪樓程先生文集 159
楚辭(毛氏汲古閣刻本) 218
楚辭(明隆慶刻本) 156
楚辭集注(宋端平刻本) 43
楚辭集注(章貢郡齋刻本) 43
楊文定公詩集 162
新刊楊文敏公後北征記 137
楊盈川集 157
楊園先生未刻稿 221
槎翁文集 161
賈長沙集 156
歲寒堂詩話 168
虞初志 193
路史 21
園居雜咏 165
蜕庵詩 160
農書(述古堂抄本) 214
農書(明嘉靖刻本) 146
農桑輯要 103
蜀中廣記 141
蜀漢本末 96
新刊嵩山居士文全集 60
筠溪牧潛集 120
節孝先生文集 117
傷寒百證歌(張仲景注解) 104
傷寒直格(新刊河間劉守真) 105
傷寒明理論 32
傷寒要旨 32
傷寒論注解 104
傷寒類書活人總括 33
魁本大字詳音句讀毛詩 85
魁本大字詳音句讀周易 82
魁本大字詳音句讀孟子 89
魁本足注釋疑韻寶 92
會昌一品制集 51
會真記 189
會通館校正音釋書經 130
會稽三賦 61
頌古集 53
獅吼記 244
解學士先生集 161
詩人玉屑 126
詩外傳(野竹齋刻本) 131
詩外傳 83
詩考(慶元路儒學遞修本) 83
詩考(韓魯齊三家) 83
詩地理考 84
詩序附錄纂疏 84
詩品(繁露堂刻本) 168
詩紀 166
詩集傳 84

詩集傳(朱熹撰)　4
詩集傳名物抄音釋纂輯　84
詩集傳附錄纂疏　84
詩集傳通釋　84
詩集傳(蘇轍撰)　4
詩童子問　84
詩傳綱領附錄纂疏　84
詩義矜式(明經題斷)　85
詩源辯體　168
詩經金丹彙考　131
詩經旁注　85
詩經旁注(羅祖禹刻本)　85
詩經疑問　85
詩經難字　131
詩說　4
詩說解頤　131
詩學集成押韻淵海　112
誠齋四六發遣膏馥　41
誠齋先生文膾(批點分類)　119
誠齋先生集　61
誠齋錄　162
誠齋雜劇　189
詳注周美成詞片玉集　71
詳音句讀明本大字毛詩　85
靖海紀　205
靖康孤臣泣血錄　136
新入諸儒議論杜氏通典詳節(擇善堂刻本)　27
新入諸儒議論杜氏通典詳節(元至元刻本)　99
新刊元微之文集　49
新序　29
新製諸器圖說　150
新定三禮圖　7
新修絫音引證群籍玉篇　91
新校注古本西厢記　188
新唐書糾謬　135
新集古文四聲韻　11
新箋决科古今源流至論　110
新增全相湖海新奇剪燈餘話大全　195
新增音義釋文古今歷代十八史略　100
新增補相剪燈新話大全　195
新增說文韻府群玉　111
新增麗澤編次揚子事實品題　30
新編十一經問對　90
新編分類夷堅志　152
新編方輿勝覽　24
新編孔子家語句解　101
新編古今事文類聚　109
新編林冲寶劍記　190
新編事文類要啓劄青錢後集　112
新編事文類聚啓劄雲錦　111

新編金匱方論　105
新編連相搜神廣記　108
新編通用啓劄截江網　110
新編排韻增廣事類氏族大全　111
新編婦人大全良方　106
新編詔誥章表機要　111
新編曆法集成　107
新編類意集解諸子瓊林　112
新纂門目十朝名臣言行錄　22
雍虞先生道園類稿　121
雍熙樂府　193
義豐文集　61
慈溪黄氏日抄分類　102
資治通鑑　18
資治通鑑(元魏天祐刻本)　95
資治通鑑外紀(重新校正集注附音)　95
資治通鑑外紀詳節　18
資治通鑑考異　18
資治通鑑(呂大著點校標抹增節備注)　19
資治通鑑綱目(宋刻本)　19
資治通鑑綱目　96
資治通鑑釋文　18
溫庭筠詩集　158
溫國文正公文集　54
群書考索(山堂先生)　109
群書鈎玄　112
群經音辨　11
殿閣詞林記　138
遜志齋集　161
遜國君紀抄　137
經史證類備用本草(重修政和)　104
經史證類備急本草　32
經典釋文　10
經進風憲忠告　99
新刊經進詳注昌黎先生文　48

十四畫

碧雲集　219
碧雞漫志　169
熬波圖説　211
瑤琨譜　216
趙子昂詩集　120
趙清獻公文集　54
趙悲盦詩文稿　224
嘉祐集　55
臺閣集　218
［康熙］臺灣府志　208
蓺香詞　241
蔣清容先生遺稿　223
蔡中郎文集　156

新鐫歌林拾翠 193
歌詩編 116
監本附音春秋公羊注疏 79
監本附音春秋穀梁注疏 79
監本附音春秋穀梁注疏（宋刻元修本） 8
監本纂圖重言重意互注論語 10
監本纂圖重言重意互注點校毛詩 4
爾雅（元刻本） 90
爾雅（宋刻本） 11
爾雅注疏 79
爾雅（雪窗書院本） 90
爾雅疏 11
爾雅（鄭樵注） 90
對山集 163
對治十五鬼護身符 248
聞見近錄 37
鳴鳳記 191
嘯堂集古錄 28
圖畫見聞志 35
圖繪寶鑑 107
箋注陶淵明集 114
管子 32
管子弟子職 213
僑吳集 160
領主法典 252
説文字原 91
説文解字 11
説文解字注 202
説文解字段注考正 202
説文解字韻譜 90
説苑 30
説苑（校正） 101
廣川書跋 149
廣川畫跋 149
廣雅 133
廣輿圖 139
廣韻（宋刻本） 12
廣韻（宋建寧府刻本） 12
廣韻（袁克文跋） 92
廣韻（圓沙書院刻本） 92
麼破塘 252
精選古今名賢叢話詩林廣記 168
精選名儒草堂詩餘 126
精選東萊先生左氏博議句解 87
鄭守愚文集 52
鄭學十八種 198
漢上易傳 2
漢丞相諸葛忠武侯傳 23
漢制考 101
漢官儀 36
漢泉曹文貞公詩集 121

漢雋(淳熙十年刻本) 24
漢雋(淳熙五年刻本) 24
漢唐事箋對策機要 112
漢書(元大德刻本) 93
漢書(北宋刻遞修本) 14
漢書(白鷺洲書院刻本) 14
漢書(蔡琪家塾本) 14
漢書(劉元起刻本) 14
漢隸分韻 91
漢藝文志考證 100
欽定滿洲源流考 208
漕運通志 143
漁墅類稿 219
漁樵問對 35
漁隱叢話後集 70
漁隱叢話前集 70
賓退錄 37
察哈爾格西洛桑楚臣傳略 250
翠微先生北征錄 98
新鐫綴白裘合選 245
綠牡丹傳奇 191

十五畫

增入音注括例始末胡文定公春秋傳 87
增注東萊呂成公古文關鍵 66
增注周易神應六親百章海底眼 106
增修互注禮部韻略 92
增節標目音注精議資治通鑑 96
重刊增廣門類換易新聯詩學攔江網 111
增廣和劑局方圖經本草藥性總論 105
增廣音注唐郢州刺史丁卯詩集 116
增廣聖宋高僧詩選 229
增廣箋注簡齋詩集 118
穀梁春秋 7
橫浦先生文集 59
樊川詩集 158
歐陽文忠公集 54
醉翁琴趣外篇 240
遼史拾遺 204
劇説 246
踐阼篇集解 86
遺山先生文集 159
墨子 150
稼軒長短句 126
稼軒詞 241
篋中集 166
範天廚禁臠 168
篁墩程先生文集 162
儀禮 78

儀禮（明嘉靖刻本）　131
儀禮要義　5
儀禮集説　86
儀禮疏　200
儀禮經傳通解　7
儀禮圖　78
儀禮蠡測簽注　200
德藻堂詩集　221
衛生家寶産科備要　33
盤洲文集　61
新刊劍南詩稿　62
劍南詩稿（黄丕烈跋）　62
劉子　151
劉子文心雕龍　167
劉子（宋刻本）　36
劉文房集　45
劉知遠諸宫調　127
劉涓子鬼遺方　33
劉夢得文集　49
劉蕺山先生集　220
諸史提要　23
諸病源候總論　105
諸葛孔明心書　145
諸器圖説　150
新刻諸儒批點古文集成前集　67
諸儒校正西漢詳節　23
諸儒鳴道　31
論曲　183
論語　10
論語古訓　201
論語注疏解經　79
論語集解　88
論語集説　10
論衡　36
調名彙辨　243
廟堂忠告　99
慶元府雪竇明覺大師集　53
慶元條法事類　211
慶賞昇平　246
遵巖先生文集　164
潛室陳先生木鍾集　102
潛虚先生文集　222
新刊履齋示兒編　108
履巉巖本草　146
豫章羅先生文集　119
樂全先生文集　55
樂府詩集　124
樂府詩集（宋刻本）　66
樂府新編陽春白雪　127
樂律全書　132
樂書　90
編年通載　19

十六畫

靜修先生文集 120
謦隅子歔欷瑣微論 36
駱賓王文集 44
蕭閒老人明秀集注 126
翰苑群書 142
鐫翰林考正國朝七子詩集注解 167
翰林記 210
頤堂先生文集 61
樵風樂府 243
樵雲詩集 165
輶軒使者絶代語釋别國方言 11
賴古堂印譜 216
歷代臣鑒 138
歷代宅京記 208
歷代君鑒 138
歷代長術輯要 214
歷代紀年 20
歷代賦話 230
盧照鄰詩 157
戰國策(宋紹興刻本) 21
戰國策 98
黔記 140
學易記 81
儒林外史 247
錦繡萬花谷 40
錦繡萬花谷續集 40
錄鬼簿 193
館閣舊事 210
雕菰樓易學 200
鮑氏國策 21
鮑氏集 218
辨識修製藥物法度 106
龍筋鳳髓判 152
龍溪王先生全集 164
龍龕手鑑 12
憺園文集 222
營造法式 211
濂溪集 55
寰宇通志 139
禪月集 219
縉紳便覽 139

十七畫

戴東原先生文 223
聲韻考 203
聯珠集 69
聯新事備詩學大成 112
韓文公文集(音注) 48
韓文考異(晦庵朱侍講先生) 48
韓非子 214

韓魯齊三家詩考 83
隸韻(秦恩復等跋) 12
隸韻(錢大昕等跋) 11
臨川先生文集 55
[咸淳]臨安志(丁丙跋) 25
[咸淳]臨安志(傅玉露等跋) 25
磻溪集 120
魏書 16
輿地廣記 24
龜山先生語錄 30
鍼灸四書 106
鍼灸雜説 106
鍼經指南(竇漢卿編集) 106
鍾伯敬先生硃評詞府靈蛇 168
鍾嶸詩品 168
鮚埼亭集 223
謝宣城詩集 157
應氏類編西漢文章 67
濟生拔粹方 105
禮記正義 6
禮記(宋余仁仲刻本) 6
禮記(宋婺州蔣宅刻本) 5
禮記(宋撫州公使庫刻本) 6
禮記注疏(附釋音) 79
禮記要義 6
禮記訓纂 200
禮記集説(新定郡齋刻本) 6
禮記集説 86
禮記纂言 86
禮記(纂圖互注) 6
禮記釋文 6
禮部韻略 92
禮部韻略(附釋文互注) 12
禮部韻略(增修互注) 92
禮書 86

十八畫

瓊琯白玉蟾上清集 119
[正德]瓊臺志 140
職方外紀 142
藝文類聚 39
覆瓿集 160
醫脉真經 33
醫説 33
豐干拾得詩 45
題葉氏四愛堂詩 122
簡學齋詩 224
簡齋先生年譜 118
簡齋詩外集 118
簡齋詩集(增廣箋注) 118
簡齋詩箋正誤(胡學士續添) 118
歸先生文集 165

歸愚集 60
雞肋編 217
離騷草木疏 43
離騷集傳 43
離騷圖 218
顏氏家訓 108
顏魯公文集 158
瀑泉集 53
彝漢教典 251

十九畫

難經本義 146
蘆川詞 71
蘆浦筆記 151
勸善經 251
蘇州織造局志 210
新刊麗則遺音古賦程式 123
麗澤論説集錄(宋嘉泰刻本) 31
麗澤論説集錄 61
關中勝蹟圖志 209
疇齋文稿 122
籀史 212
辭學指南 110
韻補(宋刻本) 12
韻補 92
韻語陽秋 70
類經 146
類篇 202
類編增廣黄先生大全文集 57
類編標注文公先生經濟文衡 102
類編層瀾文選 124
瀛奎律髓 166
繪事發微 215
繡襦記 190

二十畫

蘭咳集 167
蘭亭續考 35
鶡冠子 150
籌海圖編 140
纂圖互注周禮 5
纂圖互注春秋經傳集解 7
纂圖互注荀子 29
纂圖互注南華真經 113
纂圖互注禮記 6
纂圖分門類題五臣注揚子法言 30
纂圖增新群書類要事林廣記 110
釋氏稽古略 113
釋名 133
譯語 203
寶刻叢編 212
寶刻類編 212

寶晉山林集拾遺 58
寶劍記 190
竇氏聯珠集 69
新刊竇漢卿編集鍼經指南 106

二十一畫

新刊權載之文集 50
鐵匠書 250
鐵崖先生古樂府 160
鶴山先生大全文集 63
續方言 202
續幽怪錄 39
續資治通鑑(李燾撰) 96
續資治通鑑長編 20
續資治通鑑長編撮要 20
續資治通鑑前集 後集 96
續資治通鑑(劉時舉撰) 96
續增歷代奏議麗澤集文 66
續歷代賦話 230

二十二畫

疊山先生批點文章軌範 124
鑑誡錄(重雕足本) 39
臞仙神奇秘譜 149
臞軒先生四六 64
讀四書叢説 89
讀易備忘 130
讀易餘言 130
讀書錄 144
讀畫錄 215

二十三畫

欒城集 57

二十四畫

觀音偈 113
鹽政志 143
鹽鐵論 144
靈棋經 148
蠶書 214

著者筆畫索引

二畫

丁昇之 41
丁易東 80
丁度 12
丁特起 136
丁鶴年 161

三畫

于敏中 223
大司農司 103
大訢 121
山主和尚 113
小林辰 83

四畫

王十朋 56,61,117
王九思 163
王士禛 221
王士點 210
王士騏 137
王元亮 100
王世貞 137,164,167
王世懋 151
王光祖 145
王先謙 205
王仲修 225
王充 36
王充耘 83
王守仁 163
王安石 55,68,117
王冰 103,146
王阮 61
王材 142
王佐 140
王伯大 115
王灼 61,169
王叔和 104,105,147
王明清 38
王宗傳 3

王建 47,224
王勃 157
王俅 28
王禹偁 53
王奕清 243
王洙 46
王珪 225
王逢 123
王家弼 214
王通 30
王逸 156,218
王弼 1,78,79
王慎中 164
王禎 146
王構 126
王霆震 67
王徵 134
工維 45,114
王鞏 37
王邁 64
王肅 106
王德信 170,188,189
王徵 150
王磐 192
王畿 164
王儔 48
王應麟 82,83,84,86,97,98
100,101,106,108,110
王燾 32
王黼 100
王驥德 184,188,193
元好問 125,159
元結 166
元稹 49,189
不空 153,249
戈元穎 243
毛亨 78
毛宗崗 246
毛居正 92
毛晉 165,169,191
毛晃 92
毛萇 4,84
仇英 138
丹津扎巴 250
卞永譽 215
文瑩 37
文讜 48
方以智 202
方回 166
方孝孺 161
方昕 31
火源潔 134

允祉 201
允誠 53
允禮 208
孔元措 99
孔安國 3,78,82
孔尚任 245
孔晁 98
孔傳 23
孔廣林 198
孔廣森 200
孔鮒 29
孔穎達 1,2,3,6,8,78,79,82,84

五畫

艾里希爾·納瓦依 250
艾儒略 142
左圭 72
左克明 124
石嶅 10
田汝成 141
史炤 18
史紳 143
史夢蛟 223
史彌寧 63
史鑄 61
丘處機 120
白居易 50
白樸 241
令狐楚 166
令狐德棻 16
包大炣 165
包恢 219
玄奘 26
玄燁 222
司空圖 52
司馬光 12,18,30,34,54,95
144,152,202,253
司馬貞 13,93
司馬彪 14,15,93
司馬遷 13,93
弘曆 223,251
皮日休 158

六畫

邢昺 11,79,88
邢準 91
邢璹 1,78,79
西湖漫史 193
成無己 32,104
朱皠 244
朱元璋 137
朱有燉 162,189

朱存理　120,148
朱廷立　143
朱祁鈺　138
朱肱　36
朱厚爝　149
朱拱梃　165
朱思本　139
朱祖義　83
朱珪　210
朱倬　85
朱彬　200
朱載堉　132
朱筠　223
朱端章　33
朱震　2
朱震亨　147
朱慶餘　51
朱熹　2,4,7,10,19,22,43,48,60,79,80,84,88,89,96,101,102,115,119
朱謀㙔　134
朱禮　112
朱瞻基　138
朱警　165
朱權　149,190
朱鑑　79
廷俊　121
任淵　57,118
向子諲　240,241
行均　12
全祖望　223
危亦林　106
米芾　58
江昱　241
江淹　157
江贇　95
江蘩　211
江瓘　147
宇文懋昭　205
祁彪佳　193
阮大鋮　190
阮逸　30
阮葵生　217
阮籍　157

七畫

芮挺章　166
花蘂夫人　224
杜大珪　22,99
杜甫　46,115
杜佑　26,27
杜牧　31,158

杜荀鶴 52
杜思敬 105
杜預 7,8,79,87
杜審言 45
李之藻 146,147
李天經 148
李元 131
李中 219
李公凱 85
李公煥 114
李文仲 202
李文利 131
李玉 244
李白 45,114
李仝 107
李吉甫 208
李百藥 16
李光祚 168
李廷機 167
李延壽 17,93
李仲南 105
李似之 39
李江 34
李好文 140
李林甫 26
李昌祺 195
李昌齡 113
李昉 65
李周翰 65
李建勳 53
李軌 30,253
李昭玘 39
李祖堯 59,119
李時珍 147
李逸民 36
李商隱 219
李淳風 33,34
李隆基 26,79,88
李雯 168
李開先 190
李復言 39
李善 65
李道純 113
李曾伯 202,241
李賀 47,116
李夢陽 162,163
李誠父 119
李廉 87
李群玉 219
李瑤 230
李嘉祐 218
李誡 211

李漁 244
李綱 59
李賢 14,15,93,139
李德裕 51
李劉 63
李翰 39
李翺 158
李濂 141
李壁 117
李樫 32
李贄 138,190,197
李燾 20,29,96
李簡 81
李攀龍 164,167
李龏 67,220
李籍 33
孛羅鐵木兒 250
吾衍 108
貝瓊 161
呂大防 46
呂大著 19
呂大鈞 30
呂中 109
呂本中 59
呂夷簡 138
呂延濟 65
呂向 65
呂知常 153
呂枏 145
呂祖儉 31,61
呂祖謙 4,23,24,28,30,55,60,66,69,70,79,87,96,101
呂留良 221
吳仁傑 43,44
吳自牧 209
吳全節 122
吳炳 191
吳祕 30,253
吳師道 98
吳萊 122
吳偉業 220,244
吳逸 216
吳訥 159
吳淑 39
吳敬 148
吳敬梓 247
吳棫 12,92
吳兢 136
吳説 66
吳寬 162
吳綺 241
吳澄 81,86,87,159

吴縝　135
吴鎔　216
吴騫　201,217
岑參　46
利瑪竇　148
何士信　102
何士泰　107
何光遠　39
何休　8,79
何良俊　164
何若愚　106
何侊　106
何承天　148
何晏　10,79,88
何異孫　90
何景明　163
何粲　42
何薳　151
余光　133
余蕭客　201
余闕　160
余颺　133
余懷　241
辛棄疾　126,241
汪元治　241
汪曰楨　214
汪廷訥　191,244
汪克寬　88
汪泰亨　24
汪啓淑　216
汪琬　221
汪道昆　138
沈周　162
沈括　108,230
沈庠　140
沈約　16
沈泰　185,187
沈揆　108
沈遘　230
沈樞　97
沈遼　230
宋之問　157
宋白　225
宋祁　18
宋伯仁　36
宋咸　29,30,253
宋庠　21
宋敏求　140
宋琬　221
宋慈　103
宋犖　221
宋徵輿　168

宋濂 134,135,136,160
宋應星 143
良貢 249
改琦 242
阿桂 208
邵浩 229
邵雍 35,159,254
邵懿辰 224

八畫

長孫無忌 100
范成大 24,159
范仲淹 53,116
范坰 136
范承謨 251
范祖禹 28
范純仁 116,117
范純粹 116
范梈 122
范望 34
范欽 166
范曄 14,15,93
范寧 8,79
范應元 42
茅元儀 145
林之奇 219
林正大 169
林希逸 42,113
林佶 209
林泉生 85
林禹 136
林慮 98
林堯叟 87
林楨 112
林圓 119
林鉞 24
林駉 110
林億 103,104,105,146,147
杭世駿 204
杭永年 246
東方明 107
拉宗・扎西巴覺桑波 248
和凝 225
季本 131
岳珂 38,63
岳端 229
金人瑞 197
金古良 207
金尼閣 134
金幼孜 137
金鑾 192
郄□ 103

念常　113
周之標　167
周子冶　161
周公恕　41
周世則　61
周邦彦　71
周伯琦　91
周春　204
周亮工　215,216
周彦質　225
周密　243
周敦頤　55
周賀　51
周楫　196
周煇　37
周德清　193
忽思慧　150
法天　153
法式善　217
法穎　58
郎曄　98
房玄齡　16,32
居簡　64
孟元老　99
孟郊　50,229
孟浩然　45
函可　220

九畫

封演　151
荀悦　135,144
胡一桂　81,84,100
胡三省　95
胡文煥　149
胡方平　80
胡正言　216
胡仔　70
胡安國　9,87
胡松　139
胡貞波　150
胡時化　133
胡偉　225
胡寅　29
胡榘　25
胡粹中　135
胡穉　118
胡纘宗　163
南懷仁　209
查慎行　222
柳宗元　30,49,253
柳貫　122
拾得　45

思聰 112
韋昭 21
韋珪 123
韋縠 67
韋應物 45,46,115
重顯 53
段玉裁 202
保八 81,101
皇甫冉 47
皇甫湜 51
俞松 35
俞宗 216
施元之 55,56
施耐庵 197
施琅 205
施宿 55,56
施惠 189
施閏章 221
施德操 59
彦悰 248
姜紹書 216
洪昇 244
洪适 61
洪咨夔 219
洪楩 196
洪邁 37,152
洪遵 32,142
洪興祖 218
祝充 48
祝洙 24
祝德子 116
祝穆 24,109
姚文田 224
姚合 51,167
姚宏 21
姚思廉 16
姚鉉 67
姚廣孝 217
姚燮 242
紀昀 209

十畫

馬祖常 121
馬端臨 100
秦子晉 108
秦系 218
秦蕙田 201
秦巘 244
秦觀 58,214
敖英 166
敖繼公 86
班固 14,93,108

袁孝政　36,151
袁宏　135
袁宏道　151,189
袁采　31
袁桷　121
袁凱　161
袁樞　21
都璋　119
都穆　143
華岳　98
莊季裕　217
莊綽　106
真德秀　31,124
桂萬榮　102
桓寬　144
夏文彦　107
夏言　169
夏竦　11
畢沅　209
晁元禮　240
晁公遡　60
晁公邁　20
晁補之　240
倪士毅　126
倪瓚　160
徐一夔　142
徐士俊　244
徐子光　39
徐天祜　98
徐天麟　28
徐元瑞　103
徐弘祖　209
徐光啓　146,148
徐松　209
徐東　98
徐彦　8,79
徐陵　166
徐乾學　222
徐無黨　94
徐渭　189
徐夢莘　135
徐鉉　11
徐溥　142
徐兢　142
徐霆　136
徐積　117
徐鍇　90
徐獻忠　165
徐靈府　42
殷璠　67
翁方綱　200
翁同書　217

脂硯齋主人　246,247
留元剛　158
高仲武　229
高似孫　65,168
高明　189
高恥傳　112
高啓　161
高誘　21,107,150
高適　218
高濂　190
高攀龍　133,165
郭子章　140
郭守正　13
郭若虚　35
郭茂倩　66,124
郭明如　111
郭忠恕　134
郭祥正　58
郭象　42,113
郭勛　193
郭霄鳳　109
郭豫亨　121
郭璞　11,38,79,90
郭鎜　142
唐仲友　40
唐求　52
唐岱　215
唐庚　58
唐冑　140
唐順之　164
唐慎微　32,104
凌雲　166
凌濛初　189
浦銑　230
涂溍生　82
朗嘎洛珠　248
祥邁　113
陸佃　133,150
陸采　193
陸森　107
陸雲　44
陸游　62
陸德明　1,4,5,6,7,8,10,78,79,82,84,85,87,88,113
陸錫熊　209
陸龜蒙　158
陸贄　47,98,115
陳大猷　82
陳子龍　168
陳元晉　219
陳元靚　110
陳元龍　71

陳文　140
陳田夫　26
陳自明　106
陳均　20
陳利用　119
陳言　33
陳沆　224
陳思　35,212
陳洪綬　149
陳素素　244
陳起　64,225,229
陳倫炯　208
陳師文　105
陳師凱　148
陳師道　57,118
陳旅　123
陳祥道　86
陳埴　102
陳旉　214
陳啓源　200
陳組綬　139
陳彭年　12,90
陳敬璋　221
陳傅良　30
陳循　139
陳椿　211
陳暘　90
陳與義　118
陳壽　15,16,93
陳曄　54
陳維崧　222,242
陳澔　86
陳謀道　243
陳龍正　165
陳襄　54
陳鎏　164
陳騤　209
陳獻章　162
陳鐸　191
陳鱣　201
陰中夫　111
陰時夫　111
陶弘景　42
陶宗儀　149,183
陶潛　44,114
姬志真　120
孫允賢　105
孫存吾　125
孫兆　103,146
孫承澤　214
孫思邈　105
孫奕　90,108

孫珮 210
孫強 90
孫轂 133
孫蕡 161
孫奭 28,79
孫樵 52
孫默 231
孫濤 230
孫覿 59,119
孫鑛 151
納蘭性德 241

十一畫

琅琊默庵 146
黄公紹 92
黄以周 200
黄休復 152
黄佐 142,210
黄伯思 37
黄希 115
黄昇 71,243
黄宗羲 213,220
黄省曾 167
黄庭堅 57,118
黄晞 36
黄景昉 210
黄道周 148
黄瑞節 102
黄溍 122
黄榦 119
黄圖珌 245
黄震 102
黄潛翁 130
黄履翁 110
黄鎮成 83,159
黄鶴 115
梵琦 124
梅堯臣 54
梅慶生 167
梅應發 25
梅鷟 130
曹伯啓 121
曹植 44
曹溶 221
曹爾堪 243
曹操 31
曹霑 246,247
曹學佺 141,167
曹憲 133
戚繼光 145
常建 45
常璩 136

鄂爾泰　223
崔子方　9
崔銑　130
脱脱　94
魚玄機　52
許叔微　104
許洪　105
許渾　51,116
許嵩　18
許慎　11,150
許學夷　168
許謙　89
許鴻磐　208
庾信　157
康海　163,191
康麟　167
章如愚　109
章樵　66
章衡　19
商企翁　210
惟白　42
惟康　64
梁玉繩　204
梁辰魚　192
梁寅　142
梁詩正　212
寇宗奭　32,104
寇準　158
屠叔方　137
屠隆　165,190
張九成　59
張九齡　158
張大亨　9
張之洞　224
張元幹　71
張介賓　146
張公庠　225
張方平　55
張有　91
張存中　89
張廷玉　223
張仲壽　122
張行成　34
張守節　13,93
張戒　168
張孝祥　60
張孚敬　163
張杲　33
張岱　220
張炎　241
張居正　138
張洽　9

張祜 51
張栻 23
張栩 191
張時舉 213
張深之 189
張參 202
張敬之 2
張揖 133
張詠 53
張敦頤 209
張湛 42
張祿 192
張暐 211
張鉉 99
張翥 160
張榕 59
張銑 65
張鳳翼 190
張養浩 99,120,191
張履祥 221
張機 105,147
張鎡 38
張籍 50
張鷟 152
貫休 219
紹嵩 64
巢元方 105

十二畫

彭大雅 136
彭時 139
葉采 101
葉祖榮 152
葉棻 69
葉盛 162
葉隆禮 98
葉夢得 125
葉適 151
萬安 139
萬斯同 205
葛立方 60,70
葛長庚 119
葛洪 42
葛剛正 203
董仲舒 10
董其昌 165
董真卿 81
董逌 149
董鼎 82,83,100
董楷 80
董彝 89
敬齋 251

惠洪　168
惠棟　199,201,204
雲水道人　191
揚雄　11,30,34,43,253
揭傒斯　122
揆敘　222
閔于忱　145
閔明我　214
閔聲　145
喻政　150
無住真人　114
程大昌　3,37
程大約　150
程世京　159
程任卿　143
程充　147
程宗猷　145
程敏政　162
程敦　212
程頤　79,80
程鉅夫　159
傅滦　118
傅寅　4
傅習　125
傅霖　103
傅藻　56
焦秉貞　215
焦竑　151,165
焦循　200,246
勝光法師　248
鄒次陳　126
鄒季友　82
童佩　157
童宗説　49
普濟　41
道潛　58
道璨　64
曾王孫　232
曾先之　100
曾鞏　29,54,117
曾種　3
馮柯　138
馮桂芬　202
馮惟敏　192
馮惟訥　166
馮夢龍　137
馮贄　38
馮繼先　7,9,87
湯漢　44,114,124
湯顯祖　190
滑壽　146
寒山子　45,124

富大用 109
富俊 251
賀鑄 71

十三畫

遠塵 53
靳輔 207
蒲松齡 222,246
蒲道源 123
楊士勛 8,79
楊士瀛 33
楊廷筠 142
楊囦道 70
楊伯嵒 31
楊侃 24
楊炯 157
楊桓 91
楊時 30
楊倞 29
楊銜之 141
楊惟德 34
楊萬里 2,41,62,119
楊朝英 127
楊傑 55
楊復 7,78,86
楊復吉 204
楊慎 163,167
楊溥 162
楊齊賢 114
楊榮 137
楊維楨 123,160
楊億 167
甄鸞 33,34
賈公彥 5,78,200
賈昌朝 11
賈島 229
賈誼 156
粲花主人 193
虞世南 152
虞集 121,122
虞載 41
圓至 120
詹大和 117
鳩摩羅什 41,112,152
解縉 161
溫庭筠 158

十四畫

碧山卧樵 195
趙一清 204
趙之謙 224
趙子櫟 115

趙以夫 241
趙次公 46
趙汝愚 22
趙抃 54
趙岐 79
趙汸 88
趙君卿 33
趙明誠 28
趙佶 225
趙居信 96
趙孟頫 120
趙拱 105
趙崇祚 71
趙善璙 38
趙與旹 37
趙禎 35
趙曄 98
趙蕤 38
趙德 85
趙瓚 140
蔣士銓 223,245
蔣易 125
蔣溥 212
蔣毓英 208
蔡文子 21,66
蔡正孫 168
蔡幼學 22
蔡羽 164
蔡沈 3,82
蔡松年 126
蔡念成 119
蔡邕 156
蔡夢弼 46,115
蔡節 10
蔡興宗 46
蔡襄 53
輔廣 84
厲鶚 204,215,242
臧壽恭 201
臧懋循 183,190
裴良甫 41
裴松之 15,16,93
裴駰 13,93
圖理琛 251
管時敏 161
鳳林書院 126
廖道南 138
廖瑩中 47,49
齊履謙 87
鄭元祐 160
鄭元肅 119
鄭友賢 31

鄭文焯　243
鄭玉　4,5,6,78,79,84,85,123,131,198,201
鄭汝諧　80
鄭谷　52
鄭若曾　140
鄭清之　113
鄭樵　90,96
鄭曉　136,137
鄭燮　222
鄭顒　140
熊三拔　146
熊良輔　81
熊忠　92
鄧玉函　150
鄧椿　35
翟耆年　212

十五畫

慧立　248
樓昉　98,124
樓鑰　61,116
歐陽守道　64
歐陽忞　24
歐陽修　18,54,94,240
歐陽詢　39
歐陽德隆　13
墨浪子　246
衛元嵩　34
衛湜　6
滕珙　102
魯訔　46,115
劉大彬　99
劉公居士　113
劉仔肩　167
劉因　120
劉向　29,30,101,138
劉安　150
劉孝孫　34
劉孝標　151
劉克　4
劉克莊　63,64
劉辰翁　114,115,117,151
劉完素　105
劉良　65
劉長卿　45
劉昌詩　151
劉知幾　143
劉攽　36
劉宗周　220
劉垓孫　86
劉昫　17

劉昭　14,15,93
劉禹錫　49
劉時舉　96
劉恕　95
劉球　11,12
劉基　148,160
劉崧　161
劉晝　36,151
劉敞　9
劉智　217
劉道醇　35
劉義慶　151
劉源　215
劉溫舒　104
劉熙　133
劉漢弼　22
劉瑾　84
劉勰　125,167
劉學箕　119
劉錫　25
劉徽　33
劉應登　151
諸葛亮　145
潛説友　25
潘自牧　40
潘季馴　141
樂韶鳳　134

十六畫

駱賓王　44
薛近兖　190
薛瑄　144
薛據　213
蕭士贇　114
蕭子顯　16
蕭雲從　215,218
蕭統　65,157
蕭嵩　210
薩迦班智達・貢嘎堅贊　248
薩都剌　159
盧照鄰　157
盧辯　86
積金山人　245
錢士貴　243
錢杲之　43
錢易　151
錢受徵　136
錢曾　211
錢熑　243
錢端禮　23
錢謙益　229
鮑彪　21,98

鮑照 218
龍仁夫 199
閻禹錫 145

十七畫

戴名世 222
戴震 202,203,223
戴德 86
韓菼 222
韓康伯 1,78,79
韓愈 47,48,115
韓醇 49
韓嬰 83,131
魏了翁 2,5,6,63
魏仲舉 48,49
魏收 16
魏野 53
魏道明 126
魏源 205
魏齊賢 69
魏徵 17
魏慶之 126
魏觀 161
鍾惺 168
鍾嗣成 193
鍾嶸 168
謝枋得 124
謝起巖 23
謝朓 157
謝純 143
謝深甫 211
謝維新 41
應劭 108
應櫝 143
繆荃孫 217

十八畫

聶先 232
聶崇義 7
豐干 45
瞿佑 168
瞿祐 195
歸有光 165
顔之推 108
顔元孫 134
顔幼明 148
顔真卿 158
顔師古 14,93

十九畫

蘇之軾 149
蘇天爵 125

蘇易簡　65
蘇洵　55,69,70
蘇軾　55,56,69,70,117,118,126
蘇源明　34
蘇霖　149
蘇應龍　112
蘇轍　4,18,57,69,70
關漢卿　189
嚴從簡　141
嚴訥　133
嚴萬里　214
嚴嵩　163
嚴毅　112
羅本　196,246
羅布桑薩瑪如尼瑪　250
羅泌　21
羅洪先　139
羅從彦　119
羅復　84
羅欽順　144
羅隱　52
羅濬　25
譚峭　36
龐籍　138

二十畫

覺岸　113
饒節　58
竇桂芳　106
竇常　69
竇傑　106

二十一畫以上

權德輿　50
酈道元　26
辯機　26
顧元慶　154
顧炎武　208,217
顧起元　131
顧野王　90
顧從德　143
顧嗣立　219
顧禧　55,56
龔自珍　224,242
龔明之　140
龔昱　69
龔端禮　86
龔慶宣　33
龔璛　120
鬱岡樵隱　245